Rhandy Di Stéfano

O LÍDER-COACH
Líderes Criando Líderes

Rhandy Di Stéfano

O LÍDER-COACH
Líderes Criando Líderes

QUALITYMARK

17ª REIMPRESSÃO

Copyright© 2019 by Rhandy Di Stéfano

Todos os direitos desta edição reservados à Qualitymark Editora Ltda. É proibida a duplicação ou reprodução deste volume, ou parte do mesmo, sob qualquer meio, sem autorização expressa da Editora.

Direção Editorial	Produção Editorial
SAIDUL RAHMAN MAHOMED editor@qualitymark.com.br	**EQUIPE QUALITYMARK**

Capa	Editoração Eletrônica
K2 DESIGN E SERVIÇOS LTDA.	**K2 DESIGN E SERVIÇOS LTDA.**

1ª Edição: 2005

1ª **Reimpressão:** 2006	10ª **Reimpressão:** 2012
2ª **Reimpressão:** 2007	11ª **Reimpressão:** 2014
3ª **Reimpressão:** 2008	12ª **Reimpressão:** 2015
4ª **Reimpressão:** 2009	13ª **Reimpressão:** 2016
5ª **Reimpressão:** 2010	14ª **Reimpressão:** 2017
6ª **Reimpressão:** 2010	15ª **Reimpressão:** 2018
7ª **Reimpressão:** 2011	16ª **Reimpressão:** 2019
8ª **Reimpressão:** 2012	17ª **Reimpressão:** 2019
9ª **Reimpressão:** 2012	

CIP-BRASIL. CATALOGAÇÃO NA PUBLICAÇÃO
SINDICATO NACIONAL DOS EDITORES DE LIVROS, RJ

L569g

    Di Stéfano, Rhandy
        O líder-coach : líderes criando líderes / Rhandy Di Stéfano. – Rio de Janeiro : Qualitymark Editora, 2019.
        176 p.

        Inclui bibliografia
        ISBN 978-85-7303-711-1

        1. Liderança. 2. Executivos - Treinamentos. I. Título.

05-2782
                                                                         CDD: 658.409
                                                                       CDU: 65.012:316:46

2019
IMPRESSO NO BRASIL

Qualitymark Editora Ltda.	www.qualitymark.com.br
Rua José Augusto Rodrigues, 64 – sl. 101	E-mail: quality@qualitymark.com.br
Polo Cine e Vídeo – Jacarepaguá	Tels.: (21) 3597-9055 / 3597-9056
CEP: 22275-047 – Rio de Janeiro – RJ	Vendas: (21) 3296-7649

Dedicatória

Gostaria de dedicar este livro à Fátima Abate, pelo seu apoio incansável e pela sua constante capacidade de demonstrar liderança de forma humanizada.

Gostaria também de dedicá-lo a todos os líderes do passado, que tiveram a coragem de reavaliar os paradigmas culturais e, com sua liderança ousada, transformar o meio em que viviam.

Dedico-o a todos os líderes de hoje que estão tendo a coragem de rever o que eles aprenderam sobre liderança, abrindo-se para o próximo estágio de sua evolução profissional.

Dedico-o a todos os líderes de amanhã, que, esperamos, sejam os líderes mais evoluídos e mais competentes da história da humanidade.

Agradeço a todos os alunos dos cursos de *Coaching* por me relembrar constantemente que o mercado precisava conhecer as idéias que eles estavam aprendendo. Aqui estão.

Sumário

A Criação deste Livro 1

Parte I – Os Conceitos 7

Criando Líderes 9

Capítulo Um:
  A Cultura Presente 13

Capítulo Dois:
  Humanização da Gestão 21

Capítulo Três:
  Função do *Coaching* 29

Capítulo Quatro:
  Mitos e Verdades do *Coaching* 49

Parte II – O Processo 73

Capítulo Cinco:
  Coleta de Dados – O Mapa do *Coachee* 75

Capítulo Seis:
  Conexão Pessoal 89

Capítulo Sete:
  Metas 99

Capítulo Oito:
  Plano de Ação 109

Capítulo Nove:
    Obstáculos 115
Capítulo Dez:
    Feedback 123
Capítulo Onze:
    O Líder que Ensina 141

Considerações Finais 155

Referências Bibliográficas 157

Sobre o Autor 161

Treinamentos 162

Introdução

A Criação deste Livro

A Criação deste Livro

Desde o primeiro curso de *coaching* que ofereci no Brasil, percebi que existia no mercado uma demanda enorme por profissionais que soubessem como funcionava o processo de *coaching* e eu já anunciava que o próximo passo seria a exigência das empresas de profissionais internos, os líderes, que aplicassem *coaching* em suas equipes. Hoje esta demanda vem como uma avalanche, assolando o mercado empresarial e definindo quem vai ser o líder de amanhã.

Como resultado desta demanda, existe uma busca imediata de ferramentas para que os líderes consigam fazer o que as empresas esperam deles, mas noto que ainda não existe um entendimento uniforme sobre o que é *coaching* e porque, aparentemente da noite para o dia, se tornou tão importante e visível nas organizações.

O objetivo deste livro é abordar o processo de *coaching* e também os conceitos centrais desta abordagem, para que o *coach*, seja externo, seja interno à empresa, conheça os porquês – para que ele saiba o que está por trás do que está fazendo. Isto evita que aconteça o processo de fragmentação de ferramentas, que eu ouvi de muitos alunos que, depois de participarem de meus treinamentos, diziam que agora eles estavam prontos para serem *coaches*, pois o que tinham aprendido ia muito além de conhecer algumas ferramentas. Os alunos já traziam de sua experiência algumas ferramentas, algumas efetivas, outras não, mas na maioria todas fragmentadas, sem saber o propósito atrás delas. Uma vez que se entende o conceito da linearidade do processo, este se torna mais estruturado e muito, muito mais efetivo.

Como cheguei aqui

Desde a época do meu Mestrado em Psicologia na Califórnia eu já demonstrava interesse em movimentos psicológicos que tivessem uma abordagem com foco em soluções, ao invés do foco tradicional onde o psicólogo era o *expert* e o cliente era o problemático. Isto me levou a estudar o que havia de mais recente sobre pesquisas psicológicas, ciências sociais e abordagens mais progressistas. O que descobri me obrigou a reavaliar tudo o que eu havia aprendido até então, pois existia uma nova linguagem filosófica sendo aplicada, principalmente nas áreas de distorções cognitivas, já comprovadamente eficiente pelo seu uso nas empresas da Europa e dos EUA, além do movimento do que é considerado a quarta onda da Psicologia – as teorias pós-modernas, com uma linguagem mais avançada, de acordo com novas descobertas do funcionamento cerebral.

Esta nova linguagem tornou-se a minha preferência, pois ressoava fortemente com a minha percepção de que o ser humano era o agente de transformação e de poder de sua vida, tendo internamente todas as possíveis capacidades como potenciais latentes, pronto para serem expressados. Muitas vezes, as pessoas não conseguiam ser mais do que elas eram não por problemas emocionais, mas por falta de aprendizado, por não terem tido alguém que as ensinasse outros modelos de comportamento.

Entra aqui a minha fascinação com as abordagens psico-educacionais. Fui descobrindo ao longo do tempo que as pessoas tem um poder interno deslumbrante, e, dependendo da abordagem utilizada, este poder pode ser abafado ou desenvolvido. Comecei então a minha jornada pessoal, baseada nesta convicção de que todo ser humano é o agente de sua vitória ou de sua queda. Ele é a causa, não a vítima das circunstâncias e, o que é mais fascinante, são pequenos ajustes, aprendizados e hábitos que farão de qualquer pessoa um "escritor" talentoso, com a capacidade de escrever e reescrever a história de sua vida do jeito que ela quiser.

Utilizando estes conceitos, obtive resultados extraordinários com projetos que eu fazia em Los Angeles com grupos de violência doméstica, que era considerado um dos territórios perigosos da Psicologia, pois, devido ao grau de periculosidade e de responsabilidade, poucos se atreviam a confinar-se em uma sala com dez a 15 agressores. Como muitos destes eram empresários, fomos observando que muito de sua agressividade era expressada, além do âmbito familiar, na empresa também, devido à falta de aprendizado sobre questões críticas, como adversidade e liderança. Uma vez que estas competências eram aprendidas, os resultados dos relacionamentos pessoais e empresariais eram visíveis. Estes grupos de trabalho se tornaram tão produtivos que havia filas de espera para se ingressar no grupo, algo até então nunca visto.

Da mesma maneira que eu tinha tomado conhecimento de novas abordagens psicológicas, eu também fui descobrindo novos conceitos de vanguarda sobre liderança que questionavam e comprovavam a improdutividade de estilos antigos. Nesta época, recusei o convite para fazer a dissertação de doutorado sobre o meu trabalho com agressores para dedicar-me mais exclusivamente aos pedidos que apareciam no mundo empresarial.

Fiquei fascinado com a possibilidade de trabalhar com pessoas de influência nas empresas (gestores, diretores, CEO's), pois cada pessoa desta que se tornasse um líder mais efetivo afetaria a vida de milhares de pessoas.

Partindo da minha experiência de que tudo pode ser aprendido, e que ninguém está fadado a ser a mesma pessoa para sempre, trouxe a minha bagagem para o mundo de negócios. No mundo corporativo, ninguém pode se dar ao luxo de não aprender, de não melhorar, de não se adaptar. Devido à competitividade crescente, integrou-se na cultura empresarial a idéia de que o ser humano pode e deve ser desenvolvido, e hoje sabe-se que para este desenvolvimento ocorrer é imprescindível haver um treinamento estruturado para o desenvolvimento das competências necessárias.

Esta é a mesma linguagem que eu usei e provei durante anos. Qualquer pessoa pode-se tornar mais efetivo como pai, mãe, marido, mulher, vendedor, gerente, diretor, presidente etc. – ela é o agente que pode criar esta transformação de acordo com o seu desejo de desenvolver-se. Na empresa isto acontece com o privilégio adicional de as pessoas estarem mais abertas ao desenvolvimento, pois a sua própria carreira depende disto.

Este livro traz esta linguagem nova que existe no mundo do comportamento e aprendizado humano, que é também o mundo de liderança. Desmistifica-se aqui o conceito de que o bom líder é nato, pois isto é ilusão. O bom líder pode ser desenvolvido, depende apenas de saber o que se deve desenvolver. O processo de *coaching* demonstrado aqui vai ajudar, acima de tudo, o seu desenvolvimento como líder, seja em casa, seja no trabalho, pois o *coaching* é sinônimo de capacidade de liderança. Jack

Welch dizia que nos dias de hoje todo líder deve ser um *coach*, e aquele que não for não vai conseguir expandir-se profissionalmente.

Espero que, com este conhecimento, você consiga mais do que promoções hierárquicas. Espero que você consiga promover a sua própria evolução para patamares mais altos da existência, erguendo a cabeça acima dos conceitos antigos do inconsciente coletivo, que mantém as pessoas na ilusão de serem pequenos, problemáticos e vítimas das circunstâncias, pois isto é pura ilusão.

O termo *coaching*

Em quase todos os treinamentos que ministro sobre *coaching*, ouço alguém perguntar por que se usam as palavras *coach* e *coaching* e qual seria a melhor tradução, já que não é uma palavra em português. A minha resposta é que *coach* se tornou uma palavra internacional, usada em todos os países onde a profissão existe e tentar criar um termo diferente em português iria descaracterizar o trabalho de *coaching*. Imagine alguém tentando traduzir a palavra *Gestalt* ou a palavra yoga. São palavras que, por serem tão únicas, conseguem definir a atividade que representam sem maiores explicações.

Justamente nesta fase onde o *coaching* ainda está começando a ser implantado no país, já existe uma mistura com consultoria, *counseling*, *mentoring* e até psicoterapia. Como o *coaching* é diferente destas outras áreas, acredito que a palavra é apropriada para identificar a natureza do trabalho que está sendo feito.

Para ajudar a esclarecer também o uso de outras palavras que o leitor encontrará freqüentemente neste livro, uma explicação breve:

1) o termo *coaching* representa o processo em si;
2) o termo *coach* (plural *coaches*) representa o profissional que faz *coaching*;
3) *coachee* é a pessoa que recebe o *coaching*.

No Brasil já ouvi também o termo *coacher*, que não tem significado em si e não é correta nem utilizada no mercado internacional, e também a palavra "coacheado", que é uma aportuguesação simpática da palavra *coachee*.

Chauvinismo

By the way, o uso genérico que faço no livro da terceira pessoa no masculino ("quando o executivo"; "o *coachee*"; "ele"...) é por simples questão de hábito gramatical e não por desconsiderar a mulher como executiva ou como líder. Isto seria totalmente irreal, já que nos EUA o número de mulheres gerentes já ultrapassou o dos homens e o número de mulheres CEO está aumentando cada vez mais. Acredito que, no Brasil, este fenômeno também se repetirá em breve e eu tenho muito respeito por estas conquistas.

Parte I
Os Conceitos

CRIANDO LÍDERES

Quais são as suas crenças sobre liderança?

Quais são os hábitos de trabalho de um líder?

Como este líder deve tratar os seus liderados?

Qual responsabilidade ele tem pelo desenvolvimento deles?

Qual é a responsabilidade do líder pela continuidade do seu próprio aprendizado e desenvolvimento?

Depois de um certo nível hierárquico o líder já não precisa participar de treinamentos?

O líder deve ser um ex*pert* com todas as respostas?

Você acredita que a sua empresa aprende com as informações que recebe e consegue melhorar (*learning organization*)?

Para que a sua empresa melhore, a sua equipe age como uma equipe de aprendizado (*learning team*)?

E você, usa as informações do meio ambiente para se atualizar como líder (*learning person*) — você vive a vida da pessoa que aprende?

De acordo com as respostas percebemos estilos de liderança diferentes e, dependendo do estilo usado, a probabilidade de sucesso da empresa aumenta ou diminui.

Qual o tipo de líder que se espera no mercado de hoje?

Em épocas de mercado emergente, onde a demanda pelo produto da empresa é alta, ou quando se atua em algum local sem competição, é possível que líderes ineficientes passem despercebidos, pois a empresa prospera simplesmente por existir, simplesmente por ter um produto de alta necessidade no mercado. Mas quando o mercado se torna maduro, quando a concorrência aumenta e se globaliza, quando cada ponto percentual de *market share* requer planejamento eficiente, apenas o líder mais efetivo se sobressai, e os que passavam despercebidos agora se tornam um peso – além de serem altamente desafiados a desenvolverem-se.

O líder efetivo de hoje é aquele que entende o potencial de seus liderados e reconhece o seu papel no desenvolvimento destes. Ele entende que o conceito de capital humano deve ser aplicado na prática, para que não se torne apenas uma abstração.

O líder e o capital humano

O termo "capital" refere-se aos bens mais importantes da empresa. Igualmente ao capital financeiro, que deve ser investido para que se tenha o mais alto retorno; mede-se a capacidade de um líder de acordo com o retorno que ele está tendo de sua equipe. Se a sua equipe é o seu capital, qual a mensagem que o seu estilo de liderança está enviando sobre a sua capacidade de investimento? Você está tendo o melhor retorno possível ou está esbanjando? Você está fazendo o capital crescer ou deixando o capital diminuir?

A posição do líder se alterna entre *coach* – que gera desenvolvimento e traz à tona o melhor de cada integrante de sua equipe; e professor – que ensina e mostra aos outros o know-how que representa o melhor que ele tem dentro de si.

Infelizmente ainda são poucos os que lideram desta maneira.

O que se espera hoje em dia no panorama mundial é a implantação de programas de *líderes desenvolvendo líderes*. Isto é essencial para qualquer empresa que queira sobreviver neste território econômico, que muda mais rapidamente do que em qualquer outra época da história.

Criar uma organização onde o líder tenha hábitos de líder-*coach*, aquele que gera aprendizado e desenvolvimento, não é uma empreitada fácil e suave, mas, se a sua organização não está gerando outros líderes, qual o futuro que se pode esperar?

Existem duas maneiras de gerar essa transição: ou de forma preventiva ou de forma dramática. A empresa que decidir não atualizar os seus estilos de liderança estará fadada a fazê-lo quando ocorrer alguma crise dramática, o que pode pôr em risco a sua própria e saudável sobrevivência.

A forma preventiva é utilizada pelas empresas vencedoras. São as que instituem novos processos, antecipando o mercado. São aquelas que planejam a sua vida para não cair no plano dos outros, que era um conceito que Jack Welch conhece a fundo, pois ele mesmo prega "Mude antes que você precise".

Para ser competitiva hoje em dia, a organização não pode se dar o luxo de não desenvolver líderes, e o líder-*coach* é o estilo de liderança mais efetivo para que este processo aconteça usando o tempo de forma mais econômica possível. Esse desenvolvimento não pode ser um processo demorado ou aleatório, pois se deve gerar o máximo de aprendizado no menor tempo possível, investindo seguramente na abordagem certa no momento certo.

Capítulo Um:
A Cultura Presente

"A empresa não pode ser nunca o que nós não somos."
Max DePree

- **Novo Padrão de Excelência**
- **Humanização Efetiva**
- **Expectativa Irreal do Gestor**

A Cultura Presente

Imagine este cenário de um profissional ao começar sua carreira: ele estudou durante anos alimentando um sonho: o de achar um emprego numa empresa grande e estável, onde pudesse crescer e fazer carreira. Finalmente, é contratado por algum gerente que aposta no seu talento e agora coloca todo o seu foco e esforço para conseguir provar o quanto é competente. Com o tempo, o esforço vai valendo a pena, o seu desempenho técnico nos projetos vai-se sobressaindo e ele é visto na empresa como alguém que entrega. A sua reputação vai crescendo e ele se torna o resolvedor de problemas, conferindo-lhe até uma certa sensação de poder. A fase 1 do seu plano já funcionou, a sua posição na empresa está bem estabelecida. Agora é só ir em direção à fase 2: a promoção.

Depois de um certo tempo, o mesmo gerente que o contratou torna-se diretor da empresa e o indica para ser gerente de projetos. Neste dia, as portas dos céus se abrem. Nada mais vai ser igual, ninguém mais segura a escalada dele. Na verdade, ele já está se vendo daqui a dez anos, como o CEO da empresa, pensando que o dia de hoje era o dia "D", o primeiro dia do resto de sua vida.

O filme avança dois meses e vamos ver como está a vida deste novo gerente. Ele está na sua sala sozinho, resmungando e reavaliando se o melhor seria mudar para uma cidade do interior e quem sabe abrir uma pousada. O que ele não faria neste momento para largar tudo, deixar este estresse corporativo para trás, pois a sensação é que ele tem mais nas mãos do que consegue lidar.

A sua equipe reclama, está desmotivada, ele não sabe como fazer para animá-los. A vontade dele é de mandar todos embora, mas se ele fizer isso, vai colocar quem no lugar? Talvez seja um problema inerente ao mercado em que ele trabalha, simplesmente não se acham profissionais bons, motivados, prontos para tudo, felizes, determinados etc. Então ele está preso a uma equipe que não produz o que poderia, que tem conflitos entre si, que perde tempo com coisas que não tem a ver com o projeto. Tudo era tão mais fácil quando ele era apenas um técnico brilhante... Seria tão mais fácil se as pessoas simplesmente o obedecessem...

No seu sonho ele não previa este obstáculo, pois não estava preparado para lidar com o **fator humano**. Ele está aprendendo da maneira mais dolorosa um segredo que não lhe tinham contado: que um gerente de projetos na verdade não gerencia projetos. Ele gerencia as pessoas que fazem os projetos. Ele está descobrindo agora que, quanto mais ele subir na escalada profissional, maior deverá ser o seu conhecimento sobre pessoas e como liderá-las. Neste momento ele se sente desolado, pois, se não consegue gerenciar uma equipe, como esperar um dia ser CEO de uma empresa? A sensação inicial é que ele foi o único que perdeu esta aula na faculdade. Todo mundo consegue lidar com isto bem, menos ele. Outro segredo que ele não sabe é que neste exato momento, talvez o seu diretor, o vice-presidente e até o próprio CEO tenham dúvidas semelhantes em relação à capacidade de eles liderarem pessoas.

Infelizmente esta história não é uma exceção, mas sim a regra, por ser tão comum nas empresas. Isto significa que estes profissionais sejam problemáticos? Não! Simplesmente refletem um momento histórico da economia mundial. O que vemos acontecer nas empresas hoje é sintoma de uma transição que está sendo feita à força e não houve tempo de preparar todo mundo a tempo. Esta transição aconteceu desde que o capital principal da empresa deixou de ser o produto e se tornou o ser humano.

Novo padrão de excelência

Até pouco tempo atrás, esperava-se que o funcionário fosse apenas alguém que obedecesse e não causasse problemas, alguém que seguisse ordens. Isto era aceitável quando a competição, quando existente, era local ou regional, e o padrão de excelência exigido era menor. É como estudar numa turma onde todo mundo tira no máximo nota 3. Se você tirar nota 4, já é o melhor. Para que, então, se esforçar para tirar nota 10?

Com a globalização, a competição deixou de ser local e o nível de excelência exigido aumentou. A mudança do cenário mundial aconteceu rápido demais para o padrão evolutivo do ser humano e nos encontramos hoje tentando reconquistar o terreno perdido. As exigências mudaram, as regras são novas e espera-se que a liderança seja renovada. Espera-se equipes mais produtivas, mais eficientes, mais adaptáveis, mas estas equipes não vêm prontas, devem ser criadas e estimuladas a partir do estilo de liderança usado pelo líder.

O fato de muitos líderes (sejam gerentes, diretores, vice-presidentes, CEO's) não estarem confortáveis com estas novas expectativas que se tem deles é compreensível, pois eles fazem parte da primeira "geração" empresarial que está oficialmente lidando com o conceito de capital humano e de equipes de alta performance com esse padrão de excelência tão aumentado.

Vivemos hoje o momento de concorrência mais acirrada que já existiu no cenário econômico e, como em todos os momentos históricos, muitas oportunidades novas surgem. Graças a esta nova economia mundial, estamos sendo obrigados a acelerar o nosso desenvolvimento como seres humanos. Espera-se que o líder de hoje seja alguém que vá além da função de dar ordens. Espera-se que ele crie o **clima organizacional** necessário para que a sua equipe seja melhor do que jamais foi, que consiga resultados surpreendentes. Por quê? Porque o parâmetro do melhor mudou, não basta tirar nota 4. Vai ter que ser 10.

Este momento é um privilégio histórico, pois estamos na crista da onda da mudança. Estamos criando modelos de gestão nunca visto antes. Estamos criando o padrão para o que virá adiante. Estamos na fase da alta performance e isto só acontecerá com a **humanização das empresas**, ou seja, a capacidade de lidar com pessoas não como máquinas que devem produzir cegamente, mas como agentes de melhoria, com capacidade de levar a empresa ao próximo patamar de expansão.

Humanização efetiva

A humanização significa reavaliar a relação chefe-equipe de maneira diferente do que se acreditava antigamente, quando se usavam pesquisas de satisfação para avaliar se os trabalhadores estavam satisfeitos com seu chefe. Apesar de o propósito inicial ser honorável – o de gerar ambientes mais democráticos e dar às pessoas um canal de expressão contra chefes abusivos – hoje isto não é suficiente, pois o líder contemporâneo deve ser mais do que apenas um líder agradável – ele deve gerar desenvolvimento na sua equipe.

Muitos dos treinamentos de desenvolvimento de sensibilidade, existentes nas empresas desde os anos 60 e frutos de trabalhos desenvolvidos por cientistas sociais (como Kurt Lewin) a psicólogos (como Fritz Perls), ainda são oferecidos em empresas no dia de hoje. As várias sessões de confronto pessoal, expressão emocional, desabafo de sentimentos etc. que fazem parte destes treinamentos, transformando-os, na verdade, em uma megaterapia em grupo, têm gerado opiniões discordantes. Alguns alegam que, graças a estes treinamentos, muitos dos chefes autoritários agora conseguem ter mais respeito pelos seus subordinados. Por outro lado, existem muitas estórias de horror onde os treinamentos, por terem aberto a tampa de desabafo emocional desenfreado, em nome da criação de um ambiente mais democrático, causaram mais danos do que resolução. Os treinadores iam embora, mas a empresa ficava com os resíduos mal-resolvidos do processo.

Outro efeito colateral deste movimento é a sensação de hesitação que gerou em muitos gestores, que hoje não têm certeza se podem ou não confrontar as pessoas sob seu comando, com medo da repercussão que isto pode causar na próxima pesquisa de satisfação que for feita.

O objetivo aqui não é desacreditar o que já foi feito, pois nas décadas anteriores acreditava-se que um bom chefe era aquele que usava o estilo comando-e-controle da forma mais firme possível, o que culminava com muitos abusos e humilhações sofridas pelas equipes. Então existia a necessidade de uma conscientização maior destes chefes, para que eles percebessem o impacto que causavam nos outros.

Hoje estamos prontos para o próximo nível, onde o objetivo é gerar equipes auto-suficientes e efetivas, que tenham sua própria capacidade de liderança. Para isto, é preciso que o líder seja mais do que apenas democrático. Ele precisa ser um **mobilizador**, alguém que motiva o crescimento de sua equipe, em vez de esperar que esta decisão venha deles. Uma vez que a equipe está desenvolvida e que a cultura de aprendizado e crescimento está implantada na empresa, o nível de maturidade das pessoas já estará alto e a nova cultura criada vai levar esse processo em frente naturalmente. Mas para isto acontecer, é preciso que líderes fortes o iniciem.

A diferença é que o líder de ontem usava sua força de forma abusiva para que as pessoas o obedecessem, mantendo sua equipe na posição de empregados inferiores. O líder de hoje usa a sua posição privilegiada de poder de forma mais humana, gerando aprendizado na sua equipe, para que eles cresçam, desenvolvam-se e se tornem líderes. Esta capacidade de equilibrar **firmeza**, **sensibilidade** e **sabedoria** é o alicerce básico do líder-*coach*.

Desenvolvimento não é uma escolha e o líder deve ter esta convicção para poder implementar este valor na cultura da empresa. Este não é um momento democrático, pois, dada a escolha, as pessoas geralmente não optam por usar o seu tempo para se desenvolver. Neste momento ainda existe o risco de que as pessoas ajam como muitos adolescentes nos EUA que, quando chegam à idade de poder optar por ir à escola ou não, optam por não continuar, para se arrepender mais tarde.

Eventualmente, depois que o desenvolvimento estiver ocorrendo de forma contínua e os liderados estiverem mais "empoderados" e maduros, com capacidades de liderança mais expandidas, agora a empresa está pronta para momentos mais democráticos. A democracia empresarial deve existir como fruto da maturidade das equipes, e as equipes se tornam maduras quando lhes são oferecidas chances de se desenvolverem.

Expectativa irreal do gestor

Um dos grandes fatores causadores do sofrimento humano é a expectativa irreal, ou seja, a expectativa baseada em fantasias, em desejos do ideal sem considerar os fatos da realidade presente. O problema não é ter desejos de ideal, é achar que o ideal tem que se tornar realidade simplesmente porque nós queremos.

O gestor que espera que sua equipe já venha pronta, com as competências desenvolvidas, com capacidades de resolver conflitos entre si, capacidade de lidar com estresse e adversidades, capacidade de triunfar, de se automotivar, está criando e alimentado a sua própria irritação, devido às suas expectativas irreais. O mais realista é considerar o fato de que a grande maioria dos seus liderados provavelmente não está pronta – são pedras preciosas que ainda precisam ser lapidadas. Também comum é a reclamação dos gestores, que alegam que não é responsabilidade deles desenvolverem os seus liderados. Certamente esta também é mais uma expectativa irreal.

Existe aqui uma questão antropológica básica, se observarmos a maneira que, como sociedade, educamos os mais jovens. Muitas empresas reclamam que os formandos terminam seus cursos com muita bagagem de informação, mas pouca capacidade de lidar com problemas de maneira efetiva. Isto porque eles não foram treinados para isso. Mesmo nos casos em que os seus liderados não sejam iniciantes, também não se pode presumir que estejam prontos, pois existe a possibilidade de terem passado pela mão de gestores que não fomentaram o seu desenvolvimento.

> *Curiosidade*
>
> *Treinamento ou Coaching? Um artigo publicado no* Training and Development Journal, *em novembro de 1979, mostrou a diferença de resultados entre treinamentos que são prosseguidos por coaching e outros que não são.*
>
> *Foi constatado que em grupos que participam de treinamento, mas não recebem coaching com foco nos novos comportamentos ou idéias treinadas, a tendência é rapidamente diminuir o uso do que foi aprendido, até que eventualmente o grupo volte aos mesmos hábitos que tinha antes do treinamento. Isto acontece por dois motivos:*
>
> *1) pela tendência natural de o cérebro humano continuar a fazer o que já está neurologicamente programado;*
>
> *2) pela ansiedade gerada devido à tentativa de implantação de métodos ou hábitos novos. Quando se instala algo novo, os resultados iniciais são geralmente piores do que os resultados que se tinha com os métodos antigos. Esta baixa temporária acontece por causa do processo da "curva de aprendizado", onde uma pessoa tem temporariamente resultados piores do que antes, enquanto está aprendendo o novo. Sem incentivo contínuo, a tendência é voltar para o conforto do que já se conhecia e aos resultados garantidos. Por outro lado, aquela que atravessa a curva de aprendizado consegue ter resultados muito melhores comparados aos que teria se simplesmente tivesse permanecido com os hábitos antigos.*
>
> *Para o grupo que teve coaching após o treinamento, os hábitos novos foram implantados e mantidos. Também passaram pela curva de aprendizado, mas, com o coaching constante, conseguiram permanecer no processo, solidificar o que foi aprendido no treinamento e obter resultados superiores ao que tinham antes.*

Neste momento você como gestor tem duas opções: deixar como está e se conformar em reclamar (pois, "se os outros gestores não fizeram nada para desenvolver seus liderados, eu também não farei") ou tomar as rédeas da situação e criar um modelo para a sua equipe atingir o seu potencial. Esta decisão vai fazer a diferença entre você ser apenas mais um chefe ou se tornar um líder de fato.

Para quem decidir que quer ser mais um, o livro termina por aqui, obrigado pela atenção. Para quem decidiu que é melhor se tornar um líder do que um dinossauro corporativo, aqui começa a sua jornada para o sucesso.

Capítulo Dois:
HUMANIZAÇÃO DA GESTÃO

"Nós lideramos sendo humanos. Nós não lideramos sendo corporativos, sendo profissionais ou sendo institucionais."
Paul Hawken

- **Modelo de Aprendizado**
- **Performance e Desenvolvimento**
- **Desenvolvimento Lateral**

Humanização da Gestão

O que interessa para um líder não é o número de pessoas que o obedecem, mas o número de pessoas que tenham espaço para usar o seu potencial. Um grande líder é aquele que forma minilíderes à sua volta, com tamanha capacidade de resolução que ele tem mais tempo livre para ser líder.

Se desmistificarmos e tirarmos os rótulos do cenário empresarial, uma equipe na essência é um grupo de pessoas que estão juntas por que precisam estar (não necessariamente porque querem) para realizar algo sugerido por outra pessoa. Se realizarem, eles têm o direito de permanecer no grupo, senão correm o risco de serem expulsos. Para deixar a situação mais complexa, eles têm de se reportar a um "pai" ou "mãe" (independente de o gestor ser homem ou mulher) cujo humor afeta toda a equipe. Se o pai se importar com o desenvolvimento deles, a equipe aumenta suas chances de sucesso. Se o pai não se importar, a equipe talvez fracasse e os integrantes correm o risco de serem expulsos por este mesmo pai que negligenciou o seu desenvolvimento. Este é o legado histórico que o gestor de hoje tem das gerações anteriores. São décadas de experimentos (alguns bons, outros mal-sucedidos) de gestão, além de mudanças do cenário econômico mundial que mudaram toda a filosofia e até a lealdade da empresa e que deixaram marcas amargas nas equipes. Não é à toa que o ambiente de trabalho muitas vezes é cheio de ansiedade, medo, concorrência dura, desconfiança entre os próprios integrantes das equipes.

Se isto representa a sua equipe, é provável que eles estejam funcionando no **modelo de sobrevivência**, cujo objetivo não é ser mais eficiente, mas fazer o possível para sobreviver. Como se fosse um *reality show*, onde se fazem alianças parciais, sabotagens, criam-se boatos, concorrência desleal, com o objetivo principal de não ser eliminado no final de cada semana. Quem funciona neste modelo está ocupado demais se protegendo para não ser eliminado e não tem "espaço" nem energia mental suficiente para criar futuros melhores. Mesmo que consiga ter algum resultado significativo, não consegue manter a performance no longo prazo, pois conflitos entre a equipe acabam minando os ganhos do grupo.

A equipe eficiente funciona no **modelo de performance**, cujo objetivo é o de se superar, de explorar seus potenciais, de trabalhar em uníssono para as metas em comum. Só que esta equipe precisa de espaço interno para isto, ou seja, não pode ter seu espaço grupal preenchido com conflitos e reações de desperdício. Esta equipe, como filhos com o pai, é altamente influenciada pelo gestor. É ele quem vai estabelecer o tom que vai ditar a maneira de eles funcionarem. É ele quem vai dar a eles a permissão de ser uma equipe de alta performance ou não. As condições para isso são geradas por ele mesmo.

Esta é a realidade da dinâmica em grupo. O líder tem um peso maior que os liderados. Tudo o que ele fala, o seu humor, a maneira que ele reage nas conquistas e nas derrotas vai indicar o clima predominante da equipe. Este processo, conhecido em teorias socioeconômicas como *trickle down theory* foi estudado e comprovado por Daniel Goleman, que demonstrou que o humor do chefe afeta a sua equipe. A equipe pode ou não gostar do líder, mas é inegável que o símbolo da figura paterna existe. Esta posição é um privilégio quando o gestor vê isto como uma vantagem, pois esta influência natural sobre os liderados pode ajudá-lo a criar as condições ideais que ele deseja mais rapidamente. A questão aqui se resume a qual uso se fará desta figura paterna, pois este "pai" pode tanto ser um mentor, professor, ou pode ser um general, um ditador.

A questão de resistência à autoridade é mais comum quando o gestor é alguém que apenas dá ordens e espera ser obedecido cegamente. Se a equipe fizer isto, o processo é contra-intuitivo, pois estará indo contra o seu próprio desejo inato de evolução. Por outro lado, esta mesma equipe pode tornar-se aliada fiel do gestor quando este se torna o líder que ensina e que estimula o desenvolvimento de seus liderados.

> **Curiosidade**
>
> O termo **reações de desperdício**, usado acima, refere-se ao processo comum de reação inefetiva em relação à situação apresentada. Estas reações podem ser emoções ou argumentos que geram discórdia, desânimo, falta de confiança, desmotivação e, acima de tudo, distração da meta a ser conquistada ou do problema a ser resolvido.

> *Estas reações são causadas pelo modelo mental – as crenças irracionais (baseadas em fantasia e não em evidência) que uma pessoa, equipe ou cultura possa ter; pelas suposições ou interpretações errôneas; ou por falta de modelos internos eficientes para lidar com situações de adversidade. Devido a estas reações, a pessoa perde o foco do evento presente a ser resolvido, desperdiçando a sua energia mental e emocional de forma entrópica – aumentado o estado de desordem interna devido ao uso inefetivo de sua atenção, o que gera maior frustração, pois o problema prático inicial continua, agora com a adição de um problema emocional. Falta de controle, palavras ofensivas, acusações e culpa, são possíveis ocorrências que fazem parte destas reações de desperdício, minando as relações entre os membros da equipe, o que dificulta a capacidade de se conseguir gerar a união necessária para resolução de problemas, maior criatividade e alta performance.*

Modelo de aprendizado

Temos hoje o privilégio de viver em uma época histórica fascinante, pois sabemos mais sobre dinâmicas de grupo, motivação, capacidade de resolução e alto desempenho, inteligência emocional, processos de aprendizado, do que jamais soubemos. Muitas das teorias anteriores já foram testadas, algumas melhoradas, outras substituídas por processos melhores. O resultado é que nunca se teve na sociedade o privilégio de conhecimento como temos hoje, para que se possa gerar pessoas, equipes, empresas e culturas de alto desenvolvimento e alta performance.

Tenho usado o termo humanização como uma palavra geral que aborda muitos dos conceitos que são usados nesta jornada de desenvolvimento e é importante elaborar o porquê da humanização.

A necessidade de humanização das empresas é fruto de alguns fatores. Primeiro: a necessidade empresarial de ter alta performance, já que a expectativa de excelência aumentou, com a competição globalizada. Segundo: conhecemos hoje mais em relação ao funcionamento do ser humano, e sabemos que este aprende e se desenvolve mais quando percebe que a sua dignidade está sendo respeitada. Terceiro: nunca a capacidade de liderança foi estudada tanto como nas últimas décadas e sabemos que liderança não é um mistério, um dom nato – ela pode ser aprendida, treinada, replicada, tendo os líderes bem-sucedidos como modelos de referência.

Humanizar a empresa não significa fazer dela um clube de campo para a sua equipe, e sim criar um clima organizacional de apoio e de desenvolvimento, para gerar aprendizado e expansão dos potenciais de cada um. Significa interagir com os liderados como pessoas com recursos internos a serem desenvolvidos e não como objetos massificados. Não são apenas corpos que podem ser facilmente substituídos, mas "filhos", cujo gestor tem a responsabilidade na facilitação do processo. Esta é a tarefa principal de um bom "pai". Khalil Gibran descrevia o pai como um arco e o filho como a flecha. O alcance da flecha vai ser maior ou menor dependendo do impulso (desenvolvimento) que este arco gerar. Qual a sua eficiência como arco?

Surge aqui a figura do **líder-*coach***, que representa um estilo de liderança mais humanizada (comparada com estilos antigos) e mais eficiente em criar equipes e empresas de alta performance. O líder-*coach* é resultado da implantação de processos de *coaching* no mundo empresarial, mais abrangentemente nos últimos 20 anos.

Emprestou-se o nome *coach* do mundo esportivo, que representa a figura do técnico do time, aquela pessoa cujo papel é incentivar e ajudar o atleta a desenvolver habilidades para que ele aumente sua performance. O atleta, devido à expectativa de alta performance que se tem dele, tem toda uma equipe de profissionais (técnico, massagista, nutricionista, palestras motivacionais, psicólogo etc.) que cria um sistema de apoio e desenvolvimento para mantê-lo na zona de alta performance. Em um campeonato de elite, numa partida de decisão, há muito em jogo para deixar o resultado acontecer por acaso. Então se faz o possível para aumentar as chances de vitória. Assim, todos estes aspectos da equipe que foram ou não trabalhados (capacidade de entrosamento, nervosismo, ansiedade, estado muscular, capacidade técnica, foco etc.) vão aparecer e influenciar o resultado final. Quantos times, na hora que mais precisam, perdem o jogo devido a fatores que não tem nada a ver com a capacidade técnica, onde os próprios atletas não conseguem explicar o que aconteceu.

Performance e desenvolvimento

Jack Groppel, PhD, cunhou o termo ***atleta corporativo***, para indicar o que se espera do executivo nesta nova economia – um profissional que tenha alta performance, que ganhe o jogo, que não deixe a bola cair nos momentos críticos, que tome as decisões mais acertadas, que consiga bater o recorde, que ganhe o campeonato. A diferença é que o atleta não disputa partidas todos os dias e o executivo sim. A expectativa de alta performance do executivo é diária, então nada mais lógico que ele tenha um sistema de apoio diário para treinar o que ele precisa para se desenvolver.

Interessante que num mundo tão linear, racional e lógico como o mundo corporativo ainda se acredite que é possível um executivo ter excelência apenas tendo um líder que dê ordens para ele. É totalmente ilógico esperar que a excelência ocorra sem que um sistema de apoio adequado seja desenvolvido.

Precisa-se urgentemente reavaliar o modelo de gestão pessoal que está sendo usado. Hoje em dia temos dois modelos de atuação.

O modelo militar, de **comando e controle**, onde o general dá ordens e o soldado simplesmente obedece. Por falta de outro modelo, este era o modelo de gestão predominante no mundo executivo. O inconveniente deste modelo é que se mantém a equipe em estado de estagnação, pois ela não se desenvolve, não cria, não utiliza o seu potencial. Sem o general, os soldados ficam confusos. Daí a tática de guerra que se usava em campos de batalha que era de capturar o comandante das tropas para que elas se rendessem imediatamente.

> *Curiosidade*
>
> *O CEO temporário – Existem gestores que levam o estilo comando e controle ao extremo mais autoritário possível. Alguns são reconhecidos pela sua capacidade de resolver situações de crise, pois não perdem tempo, dão ordens imediatas e exigem que sejam cumpridas da sua maneira ou eliminam quem não fez direito. Na criação da teoria do modelo de contingência, Fiedler postulou que em situações de crise as equipes aceitam este chefe ditatorial, pois são momentos de tamanha insegurança e vulnerabilidade que esperam alguém forte que tome as rédeas da situação. Existe hoje em dia os CEOs temporários, na maioria autoritários contratados para "tirar a empresa do buraco". Como de esperado, a empresa aceita a presença de um chefe destes durante esta fase, mas, depois que a situação normaliza, ninguém consegue atuar este estilo de liderança por muito tempo.*

> *Conheço o caso de um executivo que a empresa estava pensando em mandar embora, pois ele era muito eficiente para consertar departamentos que estavam indo mal, mas as pessoas não aceitavam o seu estilo autoritário e não havia nessa empresa mais departamentos para ele consertar. A própria carreira destes executivos são limitadas porque eles não desenvolveram outros estilos de liderança.*

O outro modelo, mais recente, é **modelo de aprendizado**, que chamamos de *coaching*, onde o objetivo é criar as condições para que o liderado aprenda e se desenvolva, aumentando a sua capacidade de ação. No momento decisivo é o atleta, não o técnico, quem vai ganhar o jogo, então a necessidade aqui é ter mais do que alguém que obedeça cegamente. O que se espera é que este atleta consiga ser um líder durante a competição e que sua capacidade de tomar decisões em momentos críticos seja a mais afiada possível.

Desenvolvimento lateral

Não se pode esperar performance sem gerar desenvolvimento. Esta é o conceito básico da evolução empresarial. O mundo corporativo em si é darwiniano, ou seja, opera no modelo do *Survival of the fittest*. Observe o seguinte: a tradução correta não é a "sobrevivência do mais forte", como popularmente este conceito é conhecido, mas sim a "sobrevivência de quem está na melhor forma". Em um mundo de alta competitividade, as equipes mais bem desenvolvidas para lidar com as mudanças constantes estão na melhor forma que as torna eficientes, conseguindo alta performance nos resultados.

Já que o foco empresarial é nos resultados, precisamos ser congruentes com esta meta. Se eu quero que a minha equipe de atletas corporativos chegue do ponto A ao ponto B o mais rapidamente e eficientemente possível, então eu preciso dar ênfase ao desenvolvimento lateral. Pensar que o crescimento de uma empresa e o alcance de resultados é simplesmente correr para a frente é planejamento estratégico incompleto. A única maneira de continuar indo em frente é ter foco constante no desenvolvimento lateral, ou seja, desenvolver os "músculos" que a minha equipe precisa para correr mais rápido com menos esforço.

O que você pensaria de um técnico que quer que seu atleta vença a partida, mas acha que é perda de tempo treinar e desenvolver os músculos e as habilidades por que eles não têm tempo para isso? Infelizmente esta é a atitude de muitos gestores que acreditam que não têm tempo para o desenvolvimento. Esta maneira de gerir só gera um clima de ansiedade, medo, irritação e impotência generalizada.

Por outro lado, como seria ser um líder que age como um técnico com seus atletas, alguém que está constantemente criando condições de desenvolvimento, fazendo os ajustes necessários, gerando um clima de aprendizado e melhoria contínua. Provavelmente os melhores atletas corporativos viriam de equipes com este estilo de liderança.

Capítulo Três:
FUNÇÃO DO COACHING

"Os problemas significantes que confrontamos não podem ser resolvidos no mesmo nível de pensamento no qual estávamos quando eles foram criados."
Albert Einstein

- **Desafios e Satisfação**
- *Breakthrough*
- **Gestão Antiga e Gestão de Alta Performance**
- **Papéis do Líder-*Coach***
- **Ganhos**
- **Aumentando o Capital Humano**
- **Profissionais e Adversidades**
- **Ganho Individual do Liderado**
- **Ganho Individual do Líder**
- **O Que Motiva a Minha Equipe**

FUNÇÃO DO COACHING

O termo *Learning Organizations* (Organizações que Aprendem) criado por Peter Senge (*Quinta Disciplina*) define o conceito do modelo de gestão por aprendizado. A idéia aqui é que as empresas sejam consideradas entidades orgânicas, organismos vivos que evoluem e melhoram e, assim, se adaptam melhor ao meio ambiente. Bem diferente de se ver empresas como entidades estáticas, com hierarquias criadas apenas para desdobrar ordens para serem cumpridas pelos vários escalões.

Uma *learning organization* tem a vantagem de aprender com os próprios erros, questionar-se, criar sistemas e processos melhores para gerar mais eficiência e, acima de tudo, maior adaptabilidade em um mercado onde quem se adapta mais rápido às mudanças tem maior probabilidades de sucesso. Existe uma fantasia de que os problemas presentes são frutos de mudanças inesperadas no mercado. Na verdade, a questão aqui não é a mudança em si, mas a falta de modelo de gestão de mudanças. A empresa que usa modelos de aprendizado, cujo líder age como *coach* de seus liderados, cria um ambiente para que o aprendizado em si ocorra de forma acelerada. Quanto mais acelerado for este aprendizado, mais rápida será a adaptação às mudanças. Em mercados onde padrões de excelência mudam, exigências mudam, tecnologias mudam, preferências mudam, produtos mudam; quem demorar para se adaptar não vai ser competitivo o suficiente para sobreviver sadiamente.

Para que o conceito de **gestão de aprendizado** não fique apenas na teoria, é preciso que se quebre a ilusão do que isto só será possível quando a empresa como um todo decidir adotá-lo. Isto é impossível porque a "empresa" é uma entidade virtual, ela só existe através das pessoas, ou seja, organizações que aprendem só se tornam realidade quando se constrói a cultura de pessoas que aprendem (*learning people*). O trabalho é individual, realizado a partir do modelo de gestão do líder para com seus liderados. O líder-*coach* proporciona este modelo de aprendizado e gera esta cultura, que vai-se tornando um hábito no dia-a-dia.

Desafios e satisfação

O processo de *coaching* tem a função principal de promover o aprendizado e o desenvolvimento. Quais benefícios isto gera? A empresa tem o benefício de ter equipes de alta performance, o que constrói melhores resultados de forma mais eficiente, além de ter pessoas alinhadas com os objetivos empresariais.

Os liderados têm o benefício de se tornarem pessoas mais bem preparadas para lidar com mudanças e com adversidades, usando mais de seu potencial e desenvolvendo sua própria capacidade de liderança. Ouvi alguém dizer que é um processo de *self-esteeming*, onde a auto-estima da pessoa aumenta à medida que ela é desafiada a aprender e a conquistar metas maiores e, com os resultados, aumenta a confiança em suas próprias capacidades.

Nas pesquisas sobre estados de experiência máxima, o psicólogo e consultor húngaro Csikszentmihalyi mostra que uma das principais fontes de satisfação do ser humano está relacionada com a sua capacidade de **superar desafios**.

```
  ┌─────────────────────────────────────────────────────┐
  │                     Superação                       │
  │                     de Desafio                      │
  │   Desenvolver                           Satisfação  │
  │   Excelência     Sensação de Controle               │
  │                      e Maestria                     │
  └─────────────────────────────────────────────────────┘
```

Este funcionamento afeta até as nossas preferências pessoais e as nossas crenças sobre o que nós gostamos ou não. Assim, além de nossas preferências naturais, temos também o gosto adquirido por atividades que conseguimos dominar, pois isso gera satisfação. Como um esporte, por exemplo, que dizemos que não gostamos porque não sabemos jogar. Se aprendemos as técnicas e nos tornamos excelentes neste mesmo esporte, aprendemos a gostar dele porque temos maestria sobre a atividade, o que cria sensação de controle, de termos superado o desafio, o que gera satisfação.

Equipes desmotivadas são, provavelmente, fruto de um estilo de liderança que não está gerando desafios adequados nem desenvolvimento para que as pessoas atinjam este senso de maestria.

Breakthrough

A palavra *breakthrough* significa um grande avanço, um salto quântico à frente, uma grande inovação. Este é o sonho do líder, de ter equipes que consigam ter uma evolução espantosa sob a sua gestão. Mas o *breakthrough* é apenas o resultado final da fórmula, composta de outros dois fatores: Performance e Desenvolvimento.

> ***Breakthrough* = Performance + Desenvolvimento**

Não se pode esperar ou exigir que a sua equipe bata recordes de excelência se ela não tem as competências desenvolvidas para tal. Quanto maior for a performance exigida da equipe, maior deve ser o foco no desenvolvimento da mesma. É como o conceito de treinar mais para melhor competir.

É importante o líder avaliar sua gestão sob o seguinte prisma: o seu modelo de liderança está gerando pessoas que aprendem ou simplesmente pessoas que obedecem?

Já que estamos falando de dois estilos diferentes de gestão, aqui está uma lista de algumas características para facilitar o reconhecimento de cada um.

Gestão Antiga e Gestão de Alta Performance

> **Gestão Antiga – Gerente de Projetos**
> - Gestor dizia o que fazer e tinha as respostas
> - Comando e controle
> - Gerenciava tarefas
> - Avaliação anual de desempenho
> - Lidera baseado somente no plano de ação

1) **Gestor dizia o que fazer e tinha as respostas** – O gestor dava ordens e esperava obediência, sem que a sua equipe gerasse mudanças (mesmo que estas pudessem criar melhorias). Altamente centralizador, ele tinha todas as respostas para solucionar os problemas e, apesar de reclamar que a sua equipe não conseguia resolver nada por si, perpetuava este sistema. É possível que tentativas de inovações sejam mal-vistas por este gestor, que mantém a sua equipe em estado quase infantilizado. O gestor mantém a sua posição de ex*pert*, mas paga o preço de gerar dependência.

2) **Comando e controle** – O gestor dá ordens e controla para que elas sejam executadas à sua maneira. Este é o sistema militar, onde espera-se que o soldado obedeça sem questionar. Questionamento dos liderados é visto como afronta ao poder hierárquico e muitas vezes visto como insubordinação.

3) **Gerencia tarefas** – Este gestor possivelmente acredita que conflitos e desavenças entre membros de sua equipe não é problema dele. O foco é em realizar o projeto, sem se perder tempo com questões pessoais. "Os liderados são pagos para fazer um trabalho e isto já é o suficiente. O resto eles se resolvem por eles."

4) **Avaliação anual de desempenho** – Neste dia o gestor vai-se dar a liberdade de dar algum *feedback* (ou o que ele acha que é *feedback*) sobre o desempenho do liderado. O problema de esperar este dia para dar fe*edback* é que não é suficiente. Se o liderado fez algo durante o ano que estava ineficiente, falar disto só neste momento pode ser tarde demais. Outro fato triste que ocorre é quando o gestor diz "você estava indo tão bem em janeiro e fevereiro, mas não sei o que aconteceu, você piorou..." A falta de *feedback* efetivo e oportuno é uma das reclamações mais comuns dos liderados. Muitos deles não sabem se estão indo bem ou não porque não recebem esta informação. Como resultado, quem não estava indo bem não sabe e não melhora. Quem estava indo bem talvez deixe de fazer o que estava funcionando, pois, devido à falta de *feedback*, presumiu que sua maneira de trabalhar não estava dando certo e a deixou de lado. Esperar um dia por ano para falar de desempenho é uma situação *perde-perde* para o líder e para o liderado.

5) **Lidera baseado somente no plano de ação** – Este é o líder que insiste em fazer as coisas do jeito que foram estipuladas, mesmo havendo mais informação externa que poderia melhorar o plano de ação. Ele não vê a sua equipe como possíveis colaboradores para gerar melhoria. Ele usa o seu plano de ação como o único mapa a seguir. É o oposto da liderança participativa.

> *Curiosidade*
>
> *Identificação com o agressor* – *No mundo de teorias psicológicas, o conceito de identificação com o agressor é um processo que ocorre com algumas pessoas que passaram por alguma situação de abuso (mental, emocional ou físico). A explicação é que a vítima sente-se tão impotente que, por questões de sanidade mental, busca retomar este senso perdido de poder de alguma maneira. Inconscientemente ela integra em seus hábitos o modo de ser do agressor que, apesar dos danos que causou, é um modelo de alguém com mais força. Assim, a vítima possivelmente vai-se encontrar em situações onde ela vai tratar os outros da maneira que foi tratada, como se simbolizasse com isto que ela é mais forte agora, e pessoas fortes agem desta maneira. No nosso contexto de liderança, o líder autoritário faz o papel do agressor e o seu liderado se torna a vítima que, uma vez em posição de liderança, pode correr o risco de repetir o modelo autoritário, a não ser que passe por treinamentos, coaching e processos de desenvolvimento de autoconsciência. O legado do líder autoritário acaba sendo a criação de outros como ele, perpetuando o ciclo de abuso e de infantilização dos liderados.*

> **Gestão de Alta Performance**
> - Líder-*coach*: *coach* e professor
> - Ajuda a estabelecer visão
> - Gerencia pessoas
> - *Feedback* constante
> - Lidera por investigação colaborativa

1) **Líder-*coach*: *coach* e professor** – O líder-*coach* age como um líder que gera desenvolvimento e amadurecimento profissional de sua equipe, ensinando-os a pensar como líderes, para que eles se responsabilizem por criar alternativas.

2) **Ajuda a estabelecer visão** – O líder se torna um colaborador para a criação de um futuro novo, para tornar o impossível possível, como diz Robert Hargrove. A equipe se torna não apenas um gru-

po de liderados, mas uma força criadora, cujos potenciais são utilizados em favor de metas em comum que se alinham com a visão da própria equipe do futuro que gostaria para si.

3) **Gerencia pessoas** – O líder sabe que os projetos só serão concluídos de maneira eficiente se ele gerenciar as pessoas. O seu objetivo é de ser um gestor de competências, aumentando a base de habilidades de seus liderados e criando situações de aprendizado.

4) **Feedback constante** – Esta é uma das competências-chave do líder, pois vai ser a base para todo o resto do processo de liderança. O feedback, quando proporcionado de forma efetiva e constante, é usado para gerar constante melhoria e alternativas de comportamento para que ajustes constantes sejam feitos sem que as pessoas personalizem os erros. Neste processo de melhoria contínua, atinge-se a autoconfiança devido ao aumento de excelência de performance.

5) **Lidera por investigação colaborativa** – O objetivo é que a equipe seja ensinada a analisar os fatos e a gerar respostas eficientes. O líder aqui exerce o papel de facilitador, contribuindo e investigando junto com a equipe os dados disponíveis. Este processo gera comprometimento e integração de líder e liderados em torno da meta a ser alcançada.

Para se ter equipes que criam *breakthrough*, a gestão de alta performance é a mais apropriada, e o líder deve fazer o papel do líder-*coach*.

Papéis do líder-*coach*

1) **Parceiro estratégico** – Proporciona o que falta, parceira de soluções para problemas complexos (espírito de generosidade). O líder-*coach* avalia o que está faltando para que a sua equipe consiga atingir os seus resultados. Ele proporciona situações de aprendizado, seja para desenvolvimento de competências pessoais ou técnicas. Mais do que um resolvedor de problemas, o líder atua como parceiro para que a sua equipe encontre as respostas para resolver os problemas. Para isto, é necessário um certo espírito de generosidade da parte

do líder, de compartilhar conhecimento e do seu próprio tempo, como faz um professor que ensina os alunos – não como um ato de poder, mas um ato de compartilhar, com o desejo que os alunos cresçam e desenvolvam os seus próprios potenciais.

2) **Transforma paradigmas** – Uma das características predominantes dos grandes líderes é a capacidade de questionar as crenças sociais comuns e limitantes. O **modelo mental** (conjunto de crenças e padrões de pensamento) é o fator determinante na capacidade de o indivíduo se manter focado na sua meta ou não. O líder é aquele que ajuda a sua equipe a sair do lugar-comum, a deixar de ser vítima das crenças limitantes do inconsciente coletivo, que hipnotiza as pessoas e as leva a um estado de resignação e conformismo, sem que elas mesmas percebam. O líder, através da sua capacidade de questionar estes modelos mentais, consegue fazer emergir os recursos internos de cada pessoa para que não seja apenas um potencial escondido, e sim um hábito aplicado na prática.

3) **Desenvolvimento pessoal** – Muitos estudos comprovam que o *high potential* (indivíduo de alto potencial) que não dá certo na sua carreira é muito provavelmente devido à falta de desenvolvimento interpessoal, mais do que falta de desenvolvimento técnico. Um exemplo é o estudo feito por McCall e Lombardo, do *Center for Creative Leadership*, onde eles compilaram uma lista de fatores humanos que, quando não desenvolvidos, atrapalham o desenvolvimento profissional e até destroem uma carreira. Alguns dos fatores são:

- resolução de conflito;
- gerenciamento de equipes;
- capacidade de motivação;
- adaptabilidade.

Assim, o líder-*coach* sabe que o seu foco é de desenvolvimento de competências pessoais nos integrantes de sua equipe, pois, sem estas, o relacionamento profissional da equipe e, por conseguinte, a sua performance, estará afetada.

Ganhos – liderado e líder

Um processo de desenvolvimento só é considerado bom se este traz ganhos objetivos e observáveis ao indivíduo e à empresa. O processo de *coaching* começa como um processo humano, mas seus resultados se expressam em termos quantitativos.

Um estudo feito por John Kotter e James Heskett, publicado em 1992 (*The Economic and Social Costs of Low-Performance Cultures*) durante um período de 11 anos (1977-1988), demonstra a diferença que a cultura de alta performance faz no *bottom-line* (resultados financeiros) da empresa.

Neste período as empresas *sem cultura de alta performance* aumentaram sua renda em 166%, seu quadro de funcionários em 36% e seu rendimento líquido em 1%.

As empresas *com cultura de alta performance* aumentaram sua renda em 682%, seu quadro de funcionários em 282% e seu rendimento líquido em 756%. Conclusão: a empresa com foco em criar condições para gerar equipes de alta performance se torna mais efetiva, gera mais riquezas e mais empregos.

No livro *Corporate Culture and Performance*, Kotter e Heskett correlacionam a influência da cultura empresarial ("a maneira que nós fazemos as coisas aqui") com a sua *performance financeira*. O estudo comparativo conclui que apenas as empresas com cultura de adaptabilidade conseguem manter resultados financeiros significativos no longo prazo.

Esta **cultura de adaptabilidade** indica a capacidade de a empresa antecipar e se adaptar às mudanças, respondendo de maneira efetiva às novas condições econômicas e mercadológicas. Voltamos aqui ao conceito de *Learning Organization*. A empresa com a cultura de alta performance, usando o *coaching* como estilo de liderança, cria as condições para que suas equipes se tornem *learning teams* (equipes que aprendem), aumentando o índice de adaptabilidade e sua **resiliência** (capacidade de lidar com adversidade). Estas equipes têm real vantagem competitiva devido à habilidade de resposta efetiva às mudanças de cenário de mercado.

Além destes ganhos, existe também o fator econômico de desenvolvimento no que se refere a custos de recrutamento. Fontes variadas alegam que o custo de se mandar embora um executivo e contratar outro, incluindo recursos necessários, tempo de treinamento e adaptação, sem contar com possíveis despesas de relocação, chega a centenas de milhares de reais. Faz mais sentido financeiro por foco em treinamento e desenvolvimento, na medida do possível, nas pessoas já presentes na empresa.

Aumentando o capital humano

Fala-se muito hoje em dia no desenvolvimento do capital humano, mas, infelizmente, o conceito para muitos é apenas isto – um conceito. Para evitar que capital humano se torne mais uma abstração, é importante esclarecer que este apenas aumenta quando se desenvolve nos liderados a capacidade de adaptabilidade, que por si é fruto da capacidade de se lidar com adversidades de maneira eficiente. A equipe que consegue responder aos desafios de forma hábil consegue lidar com estresse e transformá-lo em energia motivadora de progresso e melhoria. Esta equipe é o capital mais preciso que uma empresa pode ter, pois, nos momentos críticos, a atitude desta vai ser o diferencial entre o fracasso e o sucesso.

A capacidade de o ser humano lidar com estresse varia e é influenciada por vários fatores. A maioria das pessoas não é treinada para lidar com estresse, o que torna esta habilidade uma capacidade-chave de todo líder em potencial. É nos momentos de estresse, de alta adversidade, que o líder aparece, que a equipe de alta performance brilha. Agora observe os profissionais do mercado e pergunte-se qual a reação mais comum das pessoas quando situações estressantes vem à tona?

Na Psicologia conhecemos o conceito sobre a tendência natural de o ser humano regredir quando o desafio se torna muito estressante. Isto independe de QI ou de formação acadêmica, pois é fruto de hábitos emocionais. Assim, podemos perceber muitas reações que qualificariam como regressão, devido à exposição a alguma adversidade:

- o chefe que grita aos berros com quem estiver próximo;
- outro que desaparece do escritório; outro que fica indeciso;
- equipes que brigam por razões pífias, que nada tem a ver com o assunto em pauta;

- reuniões empresariais onde se perde tempo debatendo sobre questões de relevância duvidosa;
- equipes que perdem o foco e se desesperam.

Estas reações são semelhantes às de uma criança de três anos de idade que, ao perceber que vai ter que dividir seu espaço e a atenção materna com o irmão que acabou de nascer, de repente começa a agir como se fosse uma criança de dois ou mesmo de um ano de idade – devido ao estresse da situação nova que ela não consegue lidar, ela regride temporariamente. Tanto a reação da criança como a dos profissionais tem um fator em comum: a falta de habilidade de resposta efetiva ao estresse. Esta habilidade não aparece de forma mágica, ela é desenvolvida por treino.

Medição do capital humano

O conceito de capital humano já está sendo considerado capital mensurável da empresa, que faz diferença no seu valor de mercado. Leif Edvinsson, autor de *Intellectual Capital*, postula que o capital intelectual de uma empresa é formado pelo Capital Estrutural (processos, tecnologia) e o Capital Humano (pessoas, criação de idéias, conhecimento).

Thomas Steward, autor de *Wealth of Knowledge*, denomina a economia mundial de hoje de Economia de Conhecimento, fundamentado no conceito de que conhecimento é o produto que as empresas vendem. Portanto, os bens de conhecimento se tornaram mais importantes do que os bens financeiros e tangíveis da empresa. Estes bens de conhecimento ele denomina de capital intelectual e postula que, para prosperar nesta nova economia "nós precisamos de um novo vocabulário, novas técnicas de gestão, novas tecnologias e novas estratégias". De acordo com a capacidade de a empresa entender e aplicar estes novos métodos de gestão (leia-se desenvolvimento de liderança), novos métodos de medição estão sendo criados atualmente. O objetivo é que se consiga avaliar o valor da empresa, baseado no seu capital intelectual e na produção deste capital. Isto criará um novo algoritmo que resultará em uma nova maneira de concluir qual o valor de mercado de cada empresa.

A capacidade de a empresa gerar equipes de liderança, com alta resolução de adversidades, com competências que fomentam a competitividade e adaptabilidade, irão contribuir para o crescimento de seu capital humano. Este capital, por sua vez, influencia o crescimento e estimula o uso do capital intelectual, que vai afetar o valor de mercado da empresa como um todo.

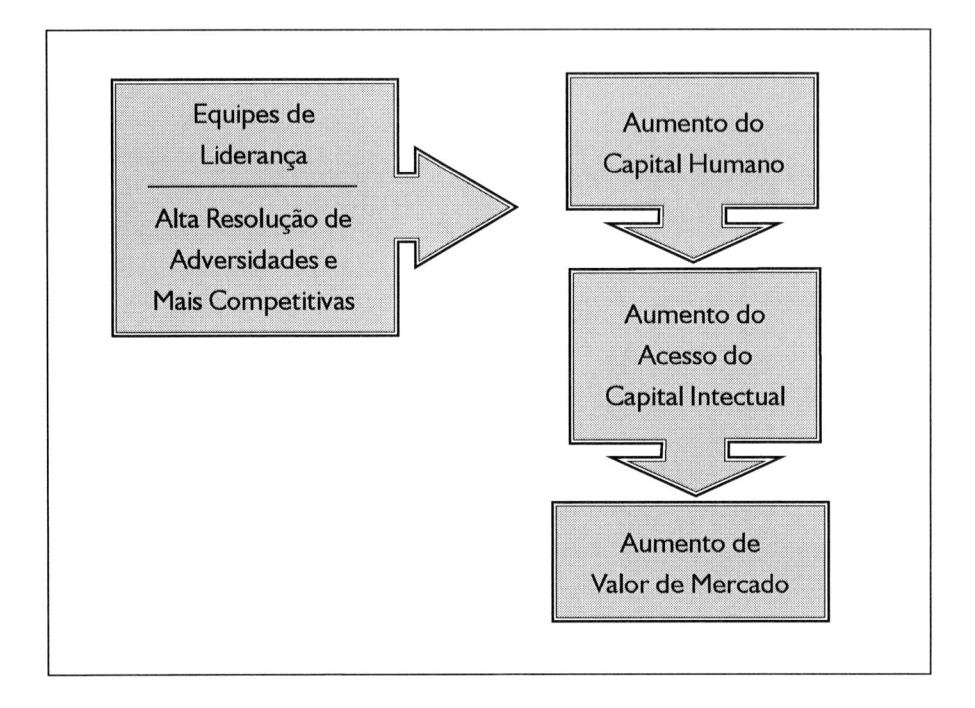

```
[Equipes de Liderança / Alta Resolução de Adversidades e Mais Competitivas] → [Aumento do Capital Humano] → [Aumento do Acesso do Capital Intectual] → [Aumento de Valor de Mercado]
```

Profissionais e adversidades

Paul Stoltz, fundador do *PEAK Learning*, criou uma tipologia para definir os três tipos de profissionais, de acordo com o efeito que a adversidade gerou na sua escalada profissional.

Desistente: é aquele que já cedeu ao peso do estresse, e sua capacidade de resposta é mínima. A sua tendência é de fazer das adversidades situações catastróficas e ele vive entre culpar os outros e se vitimizar. Tem tendências ao cinismo, pois questiona as idéias dos outros com o único propósito de provar que elas não vão funcionar. Este é o pessimista, não fazendo nada para contribuir para que as coisas dêem certo e, quando elas não funcionam, realiza a sua profecia de fracasso.

Também é possível que ele tenha desenvolvido a vitimização aprendida (*learned helplessness*), conceito estudado por Martin Seligman, que notou que a pessoa neste estado acredita que o obstáculo vai durar muito tempo, que vai-se alastrar por todas as áreas de sua vida e o que ela fizer não vai dar diferença.

O desistente tende a evitar responsabilidades e a sua primeira reação à adversidade é reclamar. Sem saber, ele se torna um ponto de negatividade na empresa, pois realmente acredita no seu pessimismo (que ele próprio denomina de "realidade") com convicção, o que acaba influenciando as pessoas ao seu redor.

> *Curiosidade*
>
> *O Comum versus o Normal – Quando pergunto aos participantes de treinamentos se as reações de pessimismo acima são comuns nas suas empresas, a maioria alega que sim. O problema é que estas reações se tornam tão comuns que acabamos achando que é normal ao ser humano reagir assim, mas estamos confundindo comum com normal. Pode ser comum porque muitos o fazem, mas não é normal, nem natural ao ser humano ter este tipo de reação. Existe um conceito no mundo dos distúrbios mentais ou emocionais onde o que era considerado distúrbio pode ser considerado "normal" caso, estatisticamente, muitas pessoas apresentem o mesmo sintoma. Com o tempo, acaba-se acreditando que isto faz parte de ser humano e aceita-se na cultura, alegando-se que "aqui nós reagimos assim". Importante ter este conceito em mente, para que não se deixe levar pela armadilha estatística. Mesmo que muitos reajam como desistentes, não quer dizer que seja natural ou esperado que o ser humano seja assim. Como todo comportamento, a desistência é um comportamento aprendido e um hábito instalado.*

Campista: este representa a grande maioria dos profissionais. É o profissional médio, que funciona dentro de sua zona de conforto e quer se sentir seguro, então não ousa muito. Ele se considera "realista" e aparentemente parece eficiente, mas, quando as adversidades acumulam, pode desequilibrar-se, desgastando sua relação com os outros.

Alpinista: este é o que adora desafios e continua escalando, pois acredita que consegue realizar o que se propôs. Aprende com as derrotas, levanta-se e vai em frente. É possível que o desistente e o campista não se sintam muito confortáveis com ele, pois ele se envolve em projetos que tiram as pessoas da zona de conforto. Por outro lado, mais desconfortável ainda é quando o alpinista tem um chefe que é campista. Nestes casos, é comum que o alpinista não tolere a situação por muito tempo, pois a sensação dele é que a sua escalada foi abortada. É provável que ele peça transferência de departamento ou mesmo de empresa.

Esta separação em três categorias tem apenas o intuito de conscientizar as pessoas que, independente de seu conhecimento técnico, a sua capacidade de responder às adversidades vai ser um dos fatores primordiais de seu sucesso profissional. Quem você preferiria ter na sua equipe: um desistente ou um alpinista?

Um *headhunter* holandês disse que quem faz um MBA deve se lembrar que não é apenas o título que vai dar diferença. O objetivo essencial de todo MBA é ajudar a pessoa a desenvolver a sua capacidade de resolver problemas. Este é o profissional que toda empresa procura. Esta capacidade de resolver problemas aumenta à medida que o profissional treinou sua habilidade de lidar com adversidades. Neste mercado tão competitivo é raro ver um alpinista que não consiga emprego, pois quando se precisa de alguém com capacidade de liderança, é dele que se vai atrás.

Estudos com empresários bem-sucedidos nos fizeram reavaliar o que acreditávamos sobre sucesso profissional. As capacidades citadas até agora – adaptabilidade, capacidade de aprendizado rápido, resposta à adversidades – são hoje comprovadamente os diferenciais que garantem sucesso aos profissionais e às equipes de alta performance, mais do que fatores como formação em escolas de nome ou mesmo nível de QI.

Stoltz alega que, em pesquisas mundiais feitas com CEOs e gerentes, quando indagados sobre a porcentagem de desistentes, campistas e alpinistas, a porcentagem de campistas teve a marca surpreendente de 80%! Para complicar, muitas também reportaram que, em momentos de estresse, muitos campistas se tornam desistentes! Isto demonstra a urgência em desenvolver as competências destas equipes, para que consigam ter o seu melhor desempenho nos momentos mais críticos.

> *Curiosidade*
>
> *Competitividade – Fala-se muito de equipes mais competitivas, e este é o objetivo principal do desenvolvimento e da* learning organization *(organização que aprende). Importante enfatizar o conceito de competir, para que exista um entendimento claro*

> *do que isto representa. A palavra competir, em latim, significa "buscar junto". O conceito aqui é de buscar desenvolver e praticar o seu potencial, o que ocorre mais facilmente quando somos incentivados por outros. Os outros nos "forçam" a fazer o melhor quando também desejam algo que nós queremos. Se não houvesse outros, não nos esforçaríamos para melhorar, pois não haveria o risco de ficar atrás. Assim, aprenda a abençoar a concorrência, pois quanto melhor ela for, maior vai ser o seu incentivo de desenvolvimento. O ponto-chave é ver a competição como algo construtivo, pois gera crescimento. O objetivo real de competir não é destruir o concorrente, mas que você se torne melhor do que você era. Uma competição significa uma pessoa buscando ser o melhor que ela pode, na presença de outro que está fazendo o mesmo. Na verdade, o seu concorrente não é o outro. É o você de hoje melhorando a marca do você de ontem!*

Ganho individual do liderado

O liderado que recebe *coaching* do seu líder tem ganhos no longo prazo, que farão diferença na sua carreira como um todo. A sua auto-estima aumenta, pois ele sente que pode contar com o seu líder. Ele desenvolve para si um modelo de liderança baseado no líder-*coach*, o que o fará um líder mais efetivo com os seus próprios liderados ou, caso ainda não tenha a sua equipe, as suas capacidades em desenvolvimento o farão um candidato mais forte para promoções futuras.

A sua empregabilidade aumenta, pois há falta de líderes no mercado e, acima de tudo, ele experimenta o poder de suas capacidades. Este é o *empowerment*, outro conceito tão falado, mas tão pouco experimentado. O *empowerment* não se consegue com uma palestra ou um seminário apenas. É o resultado de um estilo de liderança onde o liderado tem espaço para se desenvolver e experimentar a sua própria performance. É o resultado de um processo contínuo entre líder e liderado, e não de um evento único.

Existe também o possível ganho financeiro, pois pessoas que apresentam melhor performance, melhor avaliação e competências visivelmente de alto calibre aumentam as possibilidades de promoção e melhor salário.

Um estudo feito por Peterson e Kraiger em 1997, na AMOCO (hoje parte da British Petroleum), avaliou os resultados dos programas de *coaching* oferecidos aos seus executivos no período dos dez anos anteriores. Os resultados foram surpreendentes, pois demonstrou-se que *coaching* tinha contribuído para o desenvolvimento de habilidades-chave para os indivíduos, beneficiando o organização como um todo. Além disto, os participantes de *coaching* tinham conseguido aumento salariais em média 50% maiores do que os executivos que não tinham recebido *coaching*.

Outra pesquisa feita por Young e Dixon em 1996, avaliando o *coaching* oferecido pelo *Center of Creative Leadership*, avaliou a reação de 51 executivos que tinham participado de um programa de seis meses, e 100% dos entrevistados concluíram que o processo tinha sido efetivo, ajudando-os a atingir o seu objetivo de melhor performance e liderança.

Gerentes de sucesso pesquisados por John McCall, da USC (University of Southern California), afirmaram que um dos fatores mais importantes que acelerou o seu desenvolvimento não foi conhecimento adquirido em sala de aula, mas experiências desafiadoras, onde tiveram um líder exigente que também fazia o papel de *coach*.

Ganho individual do líder

O líder-*coach*, que cria a cultura de aprendizado, contribuindo para que sua equipe desenvolva suas capacidades, vai ter uma equipe mais resiliente, adaptável, confiante, criativa e brilhante. Além disto, vai atrair outros profissionais brilhantes, outros alpinistas, pois quem tem alto potencial quer um líder que proporcione condições para que este potencial seja explorado.

Um bom líder é um bom *coach*. A interação de líder-liderado que é baseada nos parâmetros do *coaching* cria um estilo de liderança apoiado no processo de admiração. Análises históricas da liderança mostram que poderíamos resumir os estilos de liderança em dois: liderança pelo medo ou liderança pela admiração.

Aquele que lidera pelo medo tem pessoas obedientes no curto prazo, mas, baseado em constatações históricas, este líder muito provavelmente será sabotado pela sua equipe. Esta sabotagem pode ser ativa – represálias de seus liderados, pessoas se demitindo etc.; ou passiva. A sabotagem passiva é fruto do mecanismo do passivo-agressivo, ou seja, a pessoa que por se sentir muito ameaçada não consegue expor insatisfação de forma ativa, então ela reage de forma passiva. Um exemplo é a pessoa que não tem coragem de dizer não ao projeto novo que o chefe exigiu, então ela demora, esquece, entrega mal-feito etc. Seja o processo passivo ou ativo, o liderado eventualmente reage, oferecendo de volta, a quem lidera por medo, o mesmo desrespeito que recebe.

Aquele que lidera pela admiração é o líder efetivo no longo prazo, pois tem a lealdade de seus liderados. Ele os respeita e contribui para o seu desenvolvimento, tornando-se um modelo de referência para a sua equipe. O líder-*coach* consegue criar esta qualidade de interação pois naturalmente criamos um vínculo forte com as pessoas que nos ajudaram a crescer. Aliado a estes fatores existe também o desejo natural do ser humano de não querer desapontar a quem admiramos, o que contribui para que a equipe deste líder tenha um nível alto de empenho e motivação.

Cria-se aqui um círculo virtuoso (oposto do círculo vicioso), onde o líder contribui para o crescimento do liderado que, por sua vez, admira o respeito que o líder lhe oferece e se orgulha em fazer parte desta interação, desejando que o seu líder se mantenha no poder fazendo o possível para conseguir o nível de excelência que foi estabelecido. Quando alguém acredita em nós, naturalmente nos tornamos melhores, para não desapontar o outro. Este é um fato observável do comportamento humano.

O líder-*coach*, sendo um líder respeitado, torna-se parte do capital essencial de sua empresa e, comumente, muito bem cotado no mercado. Fala-se muito de marketing pessoal hoje em dia e é importante lembrar que não há marketing melhor que o de ser um líder de uma equipe que cresce e atinge seus resultados.

O que motiva a minha equipe?

O consultor Thomas Crane menciona um estudo feito por Glenn Tobe and Associates, sobre fatores de motivação de performance. Foi dada aos gerentes uma lista de dez fatores de motivação e eles indicariam quais os fatores que eles acreditavam fossem os mais importantes para as suas equipes.

Depois, a mesma lista foi dada para as equipes para que elas apontassem quais os fatores mais importantes para elas. O resultado foi muito esclarecedor quanto à falta de entendimento que os gerentes têm de suas equipes. Os três fatores no topo da lista dos gerentes (salário, segurança de emprego, promoção) apareceram na lista dos liderados nas posições 4, 5 e 7 respectivamente.

O mais surpreendente é que os três fatores no topo da lista dos liderados (apreciação, sentir-se parte do que está acontecendo, atitude compreensiva) apareceram nas últimas posições nas lista dos gerentes (posições 8, 10 e 9 respectivamente). Conclui-se que as pessoas se sentem motivadas por líderes que desafiam e oferecem apoio e reconhecimento, que criam espaço para que as pessoas criem e se sintam responsáveis pela contribuição às metas da empresa, que ajudem as pessoas a se sentirem parte do processo, a se sentirem importantes.

Muitos gerentes, quando menciono este estudo, ainda teimam em afirmar que, no fundo, todo mundo quer mais dinheiro e este é o único motivador. Dinheiro é um dos fatores, mas não o único. A armadilha do argumento destes gerentes é que eles dependem das verbas da empresa para motivar e, quando não há verba, eles se sentem perdidos. Outro fator a ser considerado é que dinheiro acaba sendo o único motivador quando o próprio liderado percebe que é totalmente fora da realidade esperar que este gerente ofereça algo diferente, então o dinheiro se torna a única moeda corrente na interação dos dois.

O líder-*coach* tem equipes mais motivadas porque o seu estilo de liderança engloba outros fatores (como os citados no estudo acima) que ele oferece, o que gera várias moedas correntes na relação, ou seja, existe uma troca muito mais efetiva no relacionamento profissional devido ao respeito humano. Ouço, constantemente, executivos escolhendo trabalhar em empresas diferentes onde eles se sentem mais importantes. Também vi muitos casos de profissionais que estavam considerando ir embora de onde trabalhavam, até que entrou um novo chefe que os tratava com mais importância e eles preferiram então continuar na empresa.

Sentir-se importante é uma das maiores necessidades para o bem-estar psicológico do ser humano. O líder que gera desenvolvimento e crescimento está oferecendo à sua equipe este senso de importância, e esta naturalmente retribui na mesma moeda.

Círculo Virtuoso

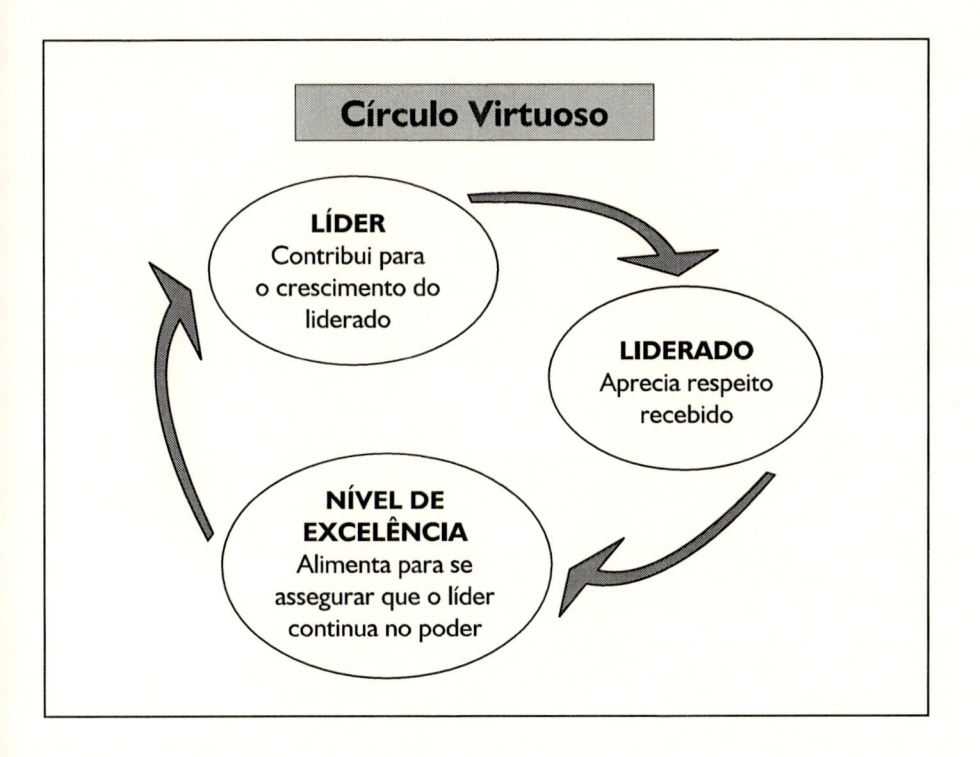

LÍDER
Contribui para o crescimento do liderado

LIDERADO
Aprecia respeito recebido

NÍVEL DE EXCELÊNCIA
Alimenta para se assegurar que o líder continua no poder

Capítulo Quatro:
MITOS E VERDADES DO COACHING

"Quem diz que elefantes não podem dançar?"
Louis V. Gerstner Jr.

- **Mitos e Verdades do *Coaching***

MITOS E VERDADES DO COACHING

Se você avaliasse a cultura empresarial da sua organização, você diria que esta cultura ajuda ou cria obstáculos para o processo de *coaching* e de desenvolvimento? Observe aqui não o que se diz, mas como se age – já que as mensagens divulgadas muitas vezes representam o ideal que se quer, mas a cultura talvez funcione de forma diferente.

O termo "cultura empresarial" se refere a "como nós fazemos as coisas aqui" e para muitas empresas a estrutura de coaching ainda não foi implantada devido a alguns mitos sobre o que é o coaching e como ele funciona. Alguns destes mitos acabam se tornando obstáculos ao desenvolvimento pois, "porque implantar um processo que não combina com a maneira como nós fazemos as coisas aqui"?

É importante esclarecer alguns mitos e verdades do *coaching*, para que se tenha um maior entendimento do que o processo realmente é

11 Mitos e verdades

> 1) Mito – *Coaching* é aconselhamento
> Verdade – *Coaching* é contribuir para que o liderado ou a equipe encontre as respostas

Lembre-se de que todo mito e toda verdade devem ser considerados dentro de um contexto de sensatez. Em situação de crise, por exemplo, onde existe a necessidade de alguma decisão imediata, a própria equipe espera que o líder dê um passo à frente e diga o que fazer; este caso não seria característico de uma situação de *coaching*. Fora estas exceções, o líder-*coach* tem o papel de contribuir para que a sua equipe aprenda a pensar nas soluções por si mesma. Muitos *coaches* alegam que aconselhamento é parte do processo de *coaching*, o que inicialmente eu não discordo, dependendo dos seguintes fatores.

O ser humano tem uma tendência comum de dar conselhos, pois crescemos com este modelo de comportamento. Devido a esta tendência, é muito comum acharmos que a maneira mais efetiva de se resolver uma questão é **dizer ao outro o que fazer**, o que na maioria das vezes não facilita o desenvolvimento. Aconselhar pode ser mais rápido, mas não é compatível com o objetivo do *coaching* que é **gerar aprendizado** e facilitar a expansão das pessoas. Um conselho esporádico, apresentado como uma sugestão e em forma de pergunta (*O que você acha de...?, Você já considerou...?*) pode ajudar o *coachee* a criar novas idéias.

Os conselhos constantes acabam tendo efeito negativo no longo prazo, pois infantilizam a pessoa, criam a posição de e*xpert*-ignorante, um diz ao outro o que fazer, e não dá oportunidade para o liderado aprender ou a considerar suas próprias escolhas.

Quem aconselha o tempo todo pode também gerar o relacionamento guru-discípulo, que, apesar de ser uma fonte prazeirosa de poder para quem está na posição de guru, e de conforto para quem está na posição de discípulo (pois não precisa se arriscar é só seguir o que o guru diz), não é produtivo no longo prazo e muito menos gerador de crescimento.

Dar conselhos não ajuda o outro a exercitar a sua habilidade de resolução, o que é crucial para o desenvolvimento do *coachee*. Contudo, não dar conselho não se aplica a situações onde o nível de maturidade profissional do liderado ainda é baixo (novato no cargo ou estagiário), pois requer uma posição mais direta do líder. Novamente, é uma questão de usar o bom-senso.

O ideal é que nos momentos de *coaching* o líder faça o possível para não dar conselhos ou cuidar para que os seus conselhos não sejam predominantes, tirando do *coachee* a oportunidade de usar seus próprios recursos internos. Mantenha-se no papel de *coach*, vigie-se para não se deixar seduzir pelo próprio *coachee*, que muitas vezes vai querer o conselho direto, pois, sem dúvida, é mais fácil do que pensar por si mesmo ou responsabilizar-se pelas suas idéias. Essa atitude dependente estará afetando o seu próprio desenvolvimento como pessoa e como profissional.

> 2) Mito – *Coaching* é para consertar comportamentos problemáticos
>
> Verdade – *Coaching* é desenvolver novos potenciais *versus overleveraging*

O processo de *coaching* é eficaz em criar novas possibilidades para substituir comportamentos inefetivos, portanto é importante que o uso do *coaching* não esteja limitado apenas para situações consideradas problemáticas. Os profissionais que estão tendo problemas com a sua equipe, problemas de liderança, sem dúvida necessitam de *coaching* imediatamente. Ainda mais poderoso do que isto é usar o *coaching* como uma ferramenta de desenvolvimento para que os comportamentos inefetivos sejam trabalhados antes de gerarem problemas maiores.

É importante considerar que um líder-*coach* trabalha constantemente para desenvolver a sua equipe, o que funciona como um processo preventivo e, além disto, como um processo de expansão para a mesma.

O líder-*coach* não tem o objetivo de "mudar" a personalidade de ninguém, apenas ajudar a expandir o leque de respostas da pessoa, ou seja, além dos comportamentos que a pessoa já tem, ela treina outros para aumentar suas escolhas diante das circunstâncias. Quanto maior for o número de escolhas de comportamento que alguém tem, maior é a sua possibilidade de interagir com o meio ambiente de forma efetiva.

Stephen King, um dos escritores de livros de terror mais prolíficos da atualidade, tem um personagem que, quando amaldiçoa os outros, manda-os para o inferno para que eles passem por alguma situação de dor repetidamente. Depois de jogar a praga, ele anuncia que o **Inferno é Repetição**. Igualmente, qualquer pessoa que tem sempre o mesmo estilo de reação aos eventos não está gerando novas possibilidades, está presa na armadilha da repetição e, segundo o autor referido, vive no inferno!

Este é um dos pontos principais do uso do *coaching* para o desenvolvimento profissional; desenvolver possibilidades mais efetivas de respostas. Esta é a base de toda a teoria da Inteligência Emocional. Para que o líder-*coach* tenha a atitude mais efetiva com o seu *coachee*, é crucial que ele entenda a base conceitual atrás do termo "comportamento problemático".

Todo comportamento ou atitude, em algum momento da vida de qualquer pessoa, é efetivo, pois resolve alguma situação ou a ajuda a lidar com alguma adversidade ou ameaça. Quando usamos algum comportamento e obtemos algum resultado, naturalmente a tendência é, que a partir deste momento, este se torne o nosso comportamento-padrão para outras situações semelhantes.

> **Curiosidade**
>
> *Salvador Minuchin, criador do conceito de abordagem estratégica no campo da psicologia familiar, dizia que, em um grupo de pessoas em conflito, onde qualquer observador externo facilmente apontaria comportamentos ineficientes, a realidade do grupo é diferente da observada. Para o grupo em si, o comportamento deles não é inefetivo, é a maneira de tentar resolver o conflito. O que eles não percebem é que o estilo de resolução que eles adotam acaba se tornando um problema maior do que o conflito em si. Ou seja, a solução que eles querem adotar se torna o problema.*

Ninguém acorda de manhã e decide que vai passar o dia inteiro tendo atitudes inefetivas no trabalho. O que acontece é que automaticamente as pessoas repetem os comportamentos que acreditam serem as "soluções" para os conflitos diários.

Para deixar a situação mais interessante, o ser humano tem uma tendência inata de, em situações de estresse, *fazer mais do mesmo*. Observe bem isto: *em estresse fazemos mais do mesmo*. Quanto mais estressante for a situação a ser lidada, maior é a tendência de a pessoa utilizar mais e mais o mesmo comportamento, de maneira ainda mais enfatizada. Por exemplo: se a pessoa fala alto, em situações de estresse ela grita; se a pessoa é fechada, em situações de estresse ela se tranca ou desaparece; se a pessoa funciona lentamente, em situações de estresse ela paralisa.

Para quem não treinou outros tipos de comportamentos ou respostas, ele vai criando o seu próprio inferno, pois entra num círculo vicioso, onde a situação de estresse é confrontada por ele com a resposta X, que não é eficiente e não funciona. Ele fica mais estressado e tenta a resposta X novamente, gerando o estresse sistêmico. Parece lógico para quem está do lado de fora notar que o mais inteligente seria ter outro estilo de resposta, mas isto é, praticamente, impossível para quem não conhece ou não aprendeu outras alternativas.

Overleveraging

Este é outro fator que causa o que chamamos de "comportamento problemático". *Overleveraging* é o processo pelo qual alguém repete um estilo de comportamento constantemente, mesmo quando a situação pedir por algo diferente. Em outras palavras, o comportamento em si não é problemático, mas se torna tal por estar sendo usado fora de contexto. Isto acontece porque a pessoa se tornou um ex*pert* no comportamento X, tão eficiente que a tendência é usá-lo sempre que pode.

Por exemplo: um executivo que desenvolveu a habilidade de agradar os outros recebeu reconhecimento por isto e se tornou muito eficiente nesta competência. Digamos que este executivo seja promovido a diretor de uma empresa e, nas reuniões de diretoria, ele não consegue expressar suas opiniões porque os outros diretores, mais assertivos, competem pela palavra. Para não desagradar, ele prefere não confrontar a situação e, com o tempo, ele vai sumindo nas reuniões. Este é o *overleveraging* – ele se tornou tão bom em agradar que agrada até quando a situação pede por outra atitude.

Todos nós fazemos *overleveraging* com nossas competências. Não existe tempo suficiente para desenvolvermos todas as habilidades possíveis a um ser humano, então desenvolvemos as que são necessárias e vamos em frente. É justamente neste "ir em frente" que nos deparamos com situações novas, onde se torna vital o desenvolvimento de novas competências para a nova situação.

Assim, o líder-*coach* sabe que o papel fundamental do processo de *coaching* é gerar o desenvolvimento destas novas competências, ou destes novos comportamentos, para expandir o leque de possibilidades de seu liderado. Ele também sabe que o *coachee* ainda não desenvolveu estas habilidades não por que ele é "in-competente", mas porque ele é ultra-competente em outras habilidades que, neste momento, não são as mais necessárias.

Este conceito é o pano de fundo que permeia o trabalho do líder-*coach*, gerando uma interação com o *coachee* baseada em respeito e dignidade. Esta é uma das maiores dádivas que um *coachee* pode receber de seu *coach*, pois este desenvolvimento de competências vai gerar frutos no curto, no médio e no longo prazo. Todo trabalho de desenvolvimento de carreira se torna inefetivo se o desenvolvimento de competências não fizer parte do processo.

Competências negativas

Em um estudo publicado pelo *Center for Creative Leadership*, considerado hoje uma das entidades mais respeitadas no que se refere a estudos de liderança, analisou-se quais os fatores que afetaram negativamente a vida de executivos considerados *high-potentials* (alto-potencial), cuja carreira não decolou.

Aqui estão alguns dos mais comuns:

- são ríspidos;
- são frios, arrogantes;
- traem a confiança de sua equipe ou de seus pares;
- falta de habilidade de delegar.

Nota-se que o fracasso do profissional se deve muito mais a motivos pessoais do que por motivos técnicos. A capacidade de relacionar-se com os outros, principalmente em momentos de adversidade, vai afetar a capacidade de conseguir resultados. Ou seja, a performance pessoal afeta a performance profissional, seja o executivo líder de uma equipe, seja subordinado a outro líder.

Conheço casos de profissionais brilhantes tecnicamente que, depois que sua empresa foi comprada por outra, não conseguem se recolocar no mercado. Eles não recebem apoio nenhum de seus antigos pares, que reconhecem sua *expertise* técnica, mas também reconhecem sua falta de tato pessoal e por isso preferem não se associar. O desenvolvimento das competências e habilidades que exploram as capacidades de inter-relação é fundamental para a carreira de todo profissional.

> 3) Mito – *Coaching* é dar bronca
> Verdade – *Coaching* é gerar aprendizado

Este é um outro mau uso que se tem feito da palavra *coaching*. Já presenciei casos onde o *coaching* era usado na empresa como uma ameaça. *"Venha imediatamente na minha sala que vou fazer um coaching com você agora!"*

Não adianta dar bronca e chamar de *coaching*, pois continua sendo bronca. Relembrando que o objetivo do *coaching* é gerar aprendizado – bronca gera mais medo do que aprendizado. Para aqueles que argumentam a favor do poder da bronca, é importante pensar nos efeitos no longo prazo, pois ela não gera crescimento e acaba infantilizando. Também importante considerar que, como nem tudo na vida acontece de forma ideal, há possíveis exceções à regra de não dar bronca. A bronca talvez seja efetiva para uma equipe que está tão fora do foco devido ao seu desespero com a adversidade, que precisa de um alerta para voltar ao eixo. Ou talvez para o *coachee* com quem já se tentou o processo de *coaching* e mesmo assim a pessoa volta a fazer o mesmo erro repetidamente, sem mostrar nenhum empenho em melhorar. A solução a esta questão é ver a bronca como o último recurso e não como o primeiro.

Achar que bronca é o melhor recurso é fruto da crença do gerente que provavelmente não conhece outro método para gerar aprendizado, então ele automaticamente repete o que ele conhece. Mesmo para quem argumenta que dar bronca consegue extinguir algum comportamento imediato, mas não é efetiva para criar comportamentos novos, o que só acontece através de uma conversa sobre possibilidades e alternativas de solução.

O líder-*coach* lida com momentos de erro ou de adversidade de seu *coachee* como uma oportunidade de gerar aprendizado, fazendo perguntas que contribuem para que o *coachee* use os seus recursos internos para idealizar novas alternativas de solução. Ensinando o *coachee* a pensar em alternativas vai aumentar o leque de possibilidades, o que também aumenta as chances de sucesso.

O *coach* é uma figura-chave neste momento, pois lembre-se de que, devido à tendência humana de repetir o mesmo comportamento e de fazer mais do mesmo em momentos de estresses, o *coachee* não consegue ver novas soluções. Está dentro de uma armadilha interna. Ele não consegue ver a saída por si e talvez nem saiba como pensar diferente. O papel do *coach* neste momento é tirá-lo da cegueira ajudando-o a reavaliar seu modelo mental, sua maneira de pensar e seus hábitos. Uma fez fora da névoa mental, da ilusão autogerada, o *coachee* consegue enxergar outras possibilidades.

Este processo é fascinante, pois as alternativas de solução já existiam, estavam prontas para serem enxergadas, mas a percepção mental do indivíduo o cega momentaneamente. Isto acontece independente de QI, pois não é uma questão de inteligência, mas de hábito mental. Na verdade, quanto mais inteligente for a pessoa, mais brilhantes serão os seus argumentos para provar que não existe outra solução, e ela mesma se mantém presa à sua percepção limitada.

> **Curiosidade**
>
> *Eficiência cerebral* – O cérebro não julga se a nossa percepção está limitada ou não. O seu objetivo, como máquina orgânica altamente eficiente, é criar as associações neurológicas para que tenhamos acesso mais rapidamente às áreas que mais usamos. Assim, se usamos freqüentemente a área do cérebro que gera pensamentos negativos, este não nos questiona, apenas se torna mais eficiente.
>
> Temos uma inteligência orgânica que funciona para nos tornar mais eficiente qualquer que seja a atividade. O nosso corpo se adapta para melhor servir à função que estamos exercendo. Quando usamos muito a mesma área do cérebro, este "observa" o que está acontecendo e se torna mais eficiente, criando mais caminhos neuronais para que possamos acessar esta área mais facilmente. Assim, se o seu ritual freqüente é reclamar quando confrontado com adversidades, o seu cérebro vai fazer o possível para que você consiga reclamar cada vez mais rapidamente e eficientemente e, com o tempo, você se tornará o Mestre na Arte de Reclamar. Tão eficiente que conseguirá até acoplar o uso da intuição e reclamar antes, mesmo que as pessoas comecem a falar.
>
> Um estudo feito em Londres com taxistas mostrou que o hipocampo (parte do cérebro relacionada à percepção espacial) destes era mais desenvolvido do que o do não-taxista, ou seja, esta parte do cérebro, como um músculo, literalmente "cresceu" refletindo a sua alta atividade.

O que isto tem a ver com o profissional estressado?

Ele basicamente passa pelo mesmo processo. O seu cérebro está eficientemente o ajudando a reagir da maneira que ele já praticou em muitas outras ocasiões e, a menos que receba o apoio de alguém para sair desta armadilha neuronal, a sua percepção do problema já está fadada a ser a mesma de sempre.

A vantagem do cérebro é que ele responde imediatamente a novos pensamentos e palavras. Assim, uma simples pergunta bem colocada do *coach* consegue "quebrar" o processo automático neuronal e, para procurar a nova resposta, novas áreas do cérebro são ativadas. Por isso que a resposta parece tão simples uma vez que ela é encontrada, mas parecia impossível até que alguém ajudasse a pessoa a rever o seu modelo mental!

> 4) Mito – *Coaching* leva muito tempo
> Verdade – *Coaching* é estilo de conversa estruturada

Uma das reclamações mais comuns nas empresas é que *coaching* leva muito tempo e que os gerentes já estão tão atarefados, que não existe tempo na agenda deles para mais uma tarefa. Esta reclamação demonstra que existe toda uma perspectiva sobre gerenciamento e liderança que precisa ser reavaliada. O gerente que não tem tempo para conversar com sua equipe está dizendo que não tem tempo para gerenciar, o que é incongruente com o cargo que ocupa. Se o modelo de gerenciamento exercido não prevê um espaço constante para o gerenciamento de pessoas, o quanto que isto estaria afetando a sua própria gestão de resultados?

Se o foco do gestor é conseguir resultados, seria ilógico deixar de lado o componente de desenvolvimento pessoal, já que este afeta tanto a performance. Ninguém vai, magicamente, achar tempo livre na sua agenda, portanto é necessário uma atitude proativa, criando espaços para que se tenham conversas de *coaching*. David Peterson, VP sênior da Consultoria PDI, sugere a "Solução de 5%", onde cada gestor investiria 5% do seu dia para *coaching* de sua equipe. O ideal talvez seja você achar o que funciona no seu contexto, mas sem dúvida a sua porcentagem não pode ser zero.

A idéia de que o processo leva muito tempo é um mito que não representa o que de fato acontece. Como em muitas empresas o *coaching* começou a ser exigido pela matriz, os gestores se sentiram obrigados a fazer algo com seus liderados, e houve muitas tentativas frustradas de gerar algum tipo de conversa. A frustração existia no gestor (pois não estava claro como conduzir estas conversas) e no liderado, pois ele não via resultados. Não havia um processo definido de quais objetivos a serem atingidos e como. É como se alguém mandasse você conversar e ajudar a sua equipe, mas ninguém tivesse dito como fazê-lo.

Este tipo de conversa sem dúvida leva tempo e não gera nenhum resultado. Acaba se tornando um bate-papo obrigatório tomando o tempo de pessoas que tem mais o que fazer. Isto não é *coaching*.

Na verdade, as conversas de *coaching*, devido à sua estrutura, são mais rápidas e eficientes do que as conversas que comumente ocorrem entre líder e liderado, gerando resultados de forma mais prática e aplicável. O líder-*coach* não precisa necessariamente formalizar um horário para conversar com cada um de seus liderados, ele usa o *coaching* como um estilo de conversa. Ou seja, usando o mesmo tempo que ele já usa na interação com a sua equipe, ele pode fazer *coaching* simplesmente mudando o estilo da conversa.

Já que o fator tempo é tão importante, observe o tempo que se perde discutindo e debatendo reclamações sem se achar uma solução efetiva, o que traz a mesma reclamação à tona várias vezes. Isto é perda de tempo. O líder-*coach*, fazendo perguntas mais efetivas, consegue economizar tempo, pois ajuda a equipe a encontrar soluções mais rapidamente e gerar aprendizado. Isto significa que, no futuro, esta mesma equipe vai ter mais possibilidades de resolver situações semelhantes por si, sem que o líder seja obrigado a se envolver.

Tempo de aprendizado

Outra vantagem do *coaching* é acelerar o tempo de aprendizado. Num mercado que muda cada vez mais rapidamente, não podemos nos dar ao luxo de esperar que a equipe se torne experiente, por dois fatores, também mencionados por Peterson:

1) experiência leva tempo;

2) sem uma monitoração efetiva, corremos o risco de que as pessoas se tornem experientes em algo que não funciona. O mercado profissional está lotado de pessoas que são experientes em competências que são obsoletas em relação à necessidade presente.

Como *coaching* é um processo direcionado ao desenvolvimento de competências predefinidas, o *coach* mantém o *coachee* focado no aprendizado, mantendo conversas mais efetivas e eficientes, aumentando as probabilidades de sucesso. Conclusão: resolve-se adversidades mais rapidamente, gera-se aprendizado e experiência em menos tempo comparado a um profissional que tivesse que se desenvolver sozinho.

> 5) Mito – Um bom *coach* ajuda a conseguir aumento e outros benefícios
>
> Verdade – Um bom *coach* ajuda a desenvolver competências

Alguns *coachees*, por não saberem exatamente qual a função do *coach*, fantasiam que, se eles concordarem em fazer *coaching*, vão garantir que receberão aumento ou promoção. Esta é uma visão muito limitada do processo, comparado ao estudante que decide que só vai estudar se o professor garantir que vai dar nota 10 para ele, caso contrário ele se recusa.

O objetivo de um líder-*coach* é contribuir para que o *coachee* desenvolva as competências de que ele precisa, para que este seja mais efetivo como profissional. Um *coachee* se interessa pelo *coaching* não apenas visando ao aumento salarial, mas como um apoio ao seu desenvolvimento de carreira. Quanto mais ele desenvolver as competências que são importantes neste momento de sua carreira, mas vão aumentar as chances de promoções e, mesmo que esta não ocorra, devido a fatores que ele não tem controle (contenção de gastos, diminuição do departamento etc.), ele continua se desenvolvendo para as oportunidades novas que aparecerem.

Se a definição de sorte é o encontro da preparação com a oportunidade, o profissional sensato recebe o processo de *coaching* como um privilégio, pois, ao desenvolver suas competências, estará se preparando para novas oportunidades, aumentando o "fator sorte".

> 6) Mito – *Coaching* é intuitivo e não funciona
> Verdade – *Coaching* é um processo estruturado com foco na solução

Já ouvi muitas pessoas me dizerem que faziam *coaching* intuitivamente. Quando ouço isto já sei que estou com alguém que tem dificuldades de atingir objetivos que satisfaçam a ele e ao *coachee*. *Coaching* intuitivo é como fazer um bolo ao acaso, sem receita adequada, sem ter uma estrutura de funcionamento. Se o bolo ficou bom, é frustrante porque você não sabe como repeti-lo. Se não ficou bom você também não sabe, exatamente, o que deu errado.

Existe uma exigência interna muito grande do gestor que acha que ele sempre tem que apresentar soluções que vão resolver as questões do *coachee*, pois a cada conversa ele se obriga a ter a inspiração de dar alguma solução mágica. Se lidasse com o meu *coachee* desta maneira, eu também reclamaria que o processo não funciona, além de ficar frustrado como tempo que leva, pois, quanto mais intuitivo, mais demorado.

Coaching funciona e tem funcionado por muito tempo, uma vez que exista um modelo, uma estrutura de conversa do *coach* com o *coachee*, com o foco na solução. A função do *coach* não é de simplesmente ouvir o desabafo do *coachee*. O desabafo ou reclamação inicial é apenas o trampolim em cima do qual se buscam alternativas melhores. Isto só é possível quando o *coach* tem um modelo estruturado e bem definido para conduzir o processo.

> 7) Mito – *Coaching* é modismo
> Verdade – Líderes através da história fizeram *coaching*

O processo de *coaching* existe há décadas e evoluiu a tal ponto no mundo corporativo que já representa o símbolo do líder contemporâneo. Dizer que *coaching* é modismo é dizer que liderança é modismo. Os grandes líderes têm em comum a capacidade de gerar desenvolvimento em seus liderados e eles já faziam isto sem que existisse um nome para definir este estilo de liderança, pois era simplesmente considerada liderança de alto nível. A empresa que espera que seus gestores sejam líderes-*coaches* não está aderindo a modismo, mas está estabelecendo um parâmetro de liderança de alto nível. Isto é imprescindível para a perpetuação da expansão de qualquer organização.

Espera-se que este novo líder troque informações com seu liderado ajudando-o a crescer como profissional, o que ativa um espírito de generosidade e de cooperação na interação dos dois. Imagine o seu líder ter informação que daria diferença na sua expansão profissional, mas não compartilhasse por achar que isto é modismo?

> 8) Mito – Basta uma conversa só
> Verdade – *Coaching* é um processo de aprendizado

Imagine o pai que diz ao bebê: Filho, está na hora de você aprender a andar, então escute bem que eu vou dizer o que fazer, mas vou dizer uma vez só!

Por mais ilógico que seja esta idéia acima, o gestor que acredita que *coaching* é um evento anual, uma conversa na avaliação de desempenho, está sofrendo a mesma alucinação. Por ser um processo de aprendizado e não um evento de aprendizado, deve-se ter a consciência de que existe um tempo natural a cada indivíduo para que este aprendizado ocorra. Este tempo pode ser mais ou menos rápido dependendo da abordagem do líder e da motivação do *coachee*.

Assim, este é um processo contínuo, de tentativas e erros até que o *coachee* consiga consolidar o comportamento novo que está treinando. O gestor que aponta inadequações na época de avaliação de desempenho é como o médico que diz para o seu paciente: "O seu colesterol está muito alto e pode pôr sua vida em risco. Até logo!" – é apenas uma informação que não vai levar a nada se a pessoa não recebe instruções e monitoramento para experimentar novas soluções. O diagnóstico sem sugestão de tratamento é absolutamente inútil.

Em modelos empresariais antigos, o gestor podia dar-se ao luxo de usar apenas um dia no ano para conversar com as pessoas sobre o seu desempenho, pois a exigência de excelência não era tão imediata como é hoje em dia. Ou seja, devido às condições do mercado no passado, quem era médio sobrevivia, não era preciso ser excelente. Hoje a realidade mudou e não se tem mais o luxo do tempo. Quem esperar o dia da avaliação para discutir performance esperou tempo demais, o que sem dúvida deve estar afetando os resultados que sua equipe está conseguindo, além de parecer injusto para o liderado.

A influência do líder no aprendizado

Uma das reclamações mais comuns que as equipes fazem dos gestores é a falta de *feedback* claro, a falta de informação sobre a sua performance. Esperar um ano inteiro para saber a percepção do seu chefe sobre a sua maneira de trabalhar cria frustrações e inseguranças, pois para melhorar é necessário que se tenha: 1) sinais claros e 2) alguém que monitore o processo para ajudar a realizar os ajustes necessários.

Um líder consciente conhece o processo de aprendizado e entende que, sendo líder, a sua reação ao processo do liderado tem um peso fundamental. Dependendo desta reação, o processo de aprendizado vai em frente ou fica paralisado. Existem dois pressupostos básicos para que qualquer aprendizado aconteça:

1) **Aprender requer prática** – O que isto significa é que não é lógico exigir que alguém exerça uma competência perfeitamente logo na

primeira vez, ou mesmo na segunda ou terceira vez. Cada vez que se experimenta fazer algo novo, a pessoa está praticando. Só tem maestria aquele que praticou tanto que já consegue fazer esse algo facilmente. Para isto acontecer, é preciso que a pessoa tenha chances de continuar praticando sem ser julgada ou receber broncas por que não atingiu a perfeição. Sem dúvida que alguns aprendem mais rápido que os outros e o processo de aprendizado em si não precisa ser demorado, mas, para acelerar o progresso, é preciso que se consiga praticar a competência nova, sabendo-se que muitas tentativas serão imperfeitas, o que é natural e esperado.

2) **Não existe fracasso, apenas *feedback*** (ganhos são progressivos) – Cada vez que alguém pratica um novo comportamento ou competência é importante que o líder contribua para que a pessoa não se sinta fracassada, caso a tentativa não tenha gerado resultados imediatos. Uma tendência natural do ser humano é querer ver resultados imediatamente, o que acaba gerando insatisfação e, para alguns, possível abandono de suas metas, tamanha a frustração que sentem. Nesta cegueira emocional não percebem os ganhos progressivos que têm a cada nova tentativa. Cada vez que tentamos algo novo que não foi bem-sucedido, o que tivemos, na realidade, foi um *feedback*.

Imagine uma brincadeira onde uma criança tem um presente escondido na casa e ela precisa achar onde está. A cada movimento dela, os pais vão ajudando com dicas "Está frio, continua frio... agora está morno, agora está esquentando, mais quente..." Todas estas dicas são *feedbacks* dados pelo sistema que ajudarão a criança a atingir o seu resultado. Saber o que não funciona é um *feedback* importante, para que a pessoa não perca tempo tentando aquele mesmo caminho. Perceber que algo funcionou "um pouco" também é um *feedback* importante, pois vai indicando que estamos numa direção melhor do que antes. Tudo isto faz parte dos pequenos ganhos que, acumulados, vão gerando o progresso do aprendizado.

> 9) Mito – Meu *coach* é responsável pelo meu processo/o *coachee* é responsável por iniciar o processo
>
> Verdade – A iniciativa pelo aprendizado deveria ser minha (tanto do *coach* como do *coachee*)

Outra reclamação que ouço nas empresas é relacionada ao impasse que existe entre gestor e equipe sobre quem deve iniciar a conversa de *coaching*.

Muitos gestores acabam isentando-se da responsabilidade, pois alegam que quem deve tomar a iniciativa pelo processo é o *coachee* e, já que ele não faz isso, é sinal de que não tem muito interesse. Adicione a esta crença a falta de tempo do gestor, e não é à toa que o processo não acontece.

Por outro lado, o *coachee* reclama que o gestor não o procura e, quando ele tenta falar com o gestor, este não parece muito aberto, pois está sempre atarefado com outras coisas mais importantes. Aqui se fecha o círculo, um jogando para o outro a responsabilidade, gerando uma situação perde-perde para os dois.

Na verdade os dois são responsáveis pela iniciativa, já que os benefícios são de ambos – o gestor, além de treinar ser mais eficiente, terá um profissional mais efetivo, e o *coachee* aumentará sua capacidade de liderança. Aquele que percebe uma oportunidade de desenvolvimento deve iniciar o processo seja ele quem for.

O *coach* que percebe que tem *coachees* desinteressados em aprendizado e desenvolvimento deve deixar claro que enquanto estiverem sob a sua liderança ele espera que suas equipes tenham níveis de excelência cada vez maiores. Para isto ele vai iniciar o processo de aprendizado sempre que possível.

O *coachee* que percebe que o *coach* não inicia o processo deve-se responsabilizar de ir atrás de informação e *feedback*, pois ele precisa saber qual competência espera-se que ele desenvolva ou expanda. Nada mais frustrante do que trabalhar em desenvolver uma competência e descobrir depois que não é bem isto que a empresa esperava de você. Mesmo que não se perca o que já ganhou, desenvolver algo fora do alvo pode gerar os mesmos resultados de não ter desenvolvido nada.

Coachable moments/*Momentos de* coaching

Estes "momentos de *coaching*" são situações onde a conversa de *coaching* é mais apropriada. Uma vez que você saiba quais são estes momentos, estará mais atento quando eles aparecerem e poderá usar a abordagem mais efetiva. Existem muitos desafios no dia-a-dia profissional e aquilo que acontece neste momento, que eu geralmente refiro como uma encruzilhada, vai gerar repercussões no longo prazo. Esta situação é tão crucial que, dependendo do que se pensa e do teor das conversas, a pessoa pode tomar duas direções totalmente diferentes, indo para a ação motivada ou para a inação/depressão.

Alguns destes momentos de *coaching* ou momentos de encruzilhada são:
- momentos de pedido de conselho;
- momentos de sucesso;
- momentos de fracasso;
- momentos de adversidade.

1) **Momentos de pedido de conselho** – Esta é uma grande oportunidade para o líder-*coach* ajudar o *coachee* a pensar por si e treinar a sua capacidade de tomar decisões baseadas nas suas metas e não em reações emocionais ou em modelos neutros inefetivos.

2) **Momentos de sucesso** – Oportunidade para que o *coach* ajude o *coachee* a refletir sobre o que funcionou, para que este reflita sobre a "fórmula" que usou e consiga repeti-la quando precisar. O sucesso deixa de ser intuitivo e se torna mais palpável. O *coachee* observa que ele foi o agente que deu diferença, em vez de achar que foi sorte. Quem acha que teve sorte não percebeu quais os comportamentos que teve que deram diferença, dificultando a possibilidade de replicá-los.

3) **Momentos de fracasso** – Uma conversa de *coaching* neste momento é crucial, pois contribui para que o *coachee* consiga sair da mentalidade de fracasso e culpa, colocando foco na solução e se abrindo para outras alternativas. Isto quebra o círculo vicioso que acontece na mente de algumas pessoas, onde um fracasso gera tamanha reação que a pessoa fica distraída com as emoções que a dominaram, perdendo o foco de suas metas.

4) **Momentos de adversidade** – Considerando que a capacidade de resiliência está relacionada à capacidade de lidar com adversida-

des de maneira eficiente, estes momentos são grandes oportunidades para o *coachee* desenvolver e praticar um modelo de abordagem do problema que gere os resultados que ele quer.

É importante que o *coachee* entenda a existência destes momentos, para que ele tome as rédeas do seu processo de crescimento. Esperar que outro o inicie para ele é perpetuar seu estado de vitimização, ficando à mercê do poder de outra pessoa. Como ninguém pára de aprender, independente de ser um técnico ou CEO, é importante que cada um de nós se responsabilize pelo próprio aprendizado. Pergunte a si mesmo constantemente: *O que posso aprender? O que fiz que não funcionou? O que poderia fazer melhor da próxima vez? O que fiz que deu certo?*

Responsabilize-se por ir atrás de *feedback* em relação ao seu desempenho e descubra não só o que não está dando certo, mas também o que tem funcionado – senão como espera replicar seu sucesso? O sucesso é seu, então a responsabilidade de investigação também é sua.

10) Mito – *Coaching* é avaliação de desempenho

Verdade – *Coaching* é avaliação e desenvolvimento de competências

No começo existe uma certa resistência de alguns *coachees* em relação ao processo porque eles se sentem intimidados de falar de áreas onde precisam melhorar. Parece contra-intuitivo já que existe toda uma herança cultural negativa em relação a isso. No passado, quando se discutia com um liderado o que não estava bom, era em contexto de bronca ou até de possível demissão.

Considerando este contexto histórico, é esperado que alguns *coachees* sejam reticentes no começo, até entender que o processo de *coaching* não é para avaliar o seu desempenho. O objetivo é avaliar quais competências eles precisam desenvolver para que aumentem sua excelência. O processo de avaliar desempenho tem um teor de julgamento, enquanto que no caso do *coaching* o teor é de colaboração – é alguém se importando com a sua expansão.

Na realidade isto cria uma interação mais autêntica entre líder e liderado, pois no passado o colaborador tentava esconder do líder as suas "deficiências", e hoje eles trabalham aberta e conjuntamente no desenvolvimento dessas competências. Idealmente, o *coachee* se sente mais compreendido e menos tenso, enquanto o *coach* tem mais consciência de que todo desenvolvimento é um processo e não se pode esperar perfeição logo na primeira vez. Ele acaba tornando-se mais compreensivo, mas não menos firme e focado, com o processo de aprendizado do *coachee*.

O líder-*coach* tem o foco de gerar oportunidades de aprendizado e desenvolvimento de competências para que a sua equipe seja menos reativa e mais proativa e ante-ativa. Diferente do líder do passado, que apenas definia as metas, o novo líder contribui para o desenvolvimento das competências que ajudarão a atingir estas metas mais eficientemente. Veja o texto no final deste capítulo para as diferenças entre o reativo, o proativo e o ante-ativo.

Reativo, proativo, ante-ativo

Existe uma frase que usamos em treinamentos nos EUA, onde dizemos: *Some people REACT, others CREATE*. (Alguns REAGEM, outros CRIAM.)

A idéia aqui é mostrar que a palavra CREATE (criar) é formada com as mesmas letras da palavra REACT (adicionando-se um E no final). Para que isto não seja apenas um jogo de letras, o objetivo é mostrar que a mesma energia que se gasta **reagindo a um problema** pode ser usada para **criar a solução**. O profissional que está menos desenvolvido para lidar com adversidades tende a reagir quando estas aparecem. Estas pessoas reativas estão gastando energia principalmente com seu tumulto interno, em vez de colocar foco na criação das melhores circunstâncias.

> **Curiosidade**
>
> *Apenas para função de maior entendimento, tomo a liberdade de mencionar um aspecto psicológico importante no funcionamento interno das pessoas que, quando não compreendido, afeta seu funcionamento profissional. Teoriza-se que o ego tenha duas funções, a função executiva e a função sintetizadora. A função executiva representa a capacidade de o ego interagir e lidar com as informações do meio ambiente. A função sintetizadora representa a sua capacidade de resolver seus conflitos internos (rea-*

> ções emocionais, dúvidas, incongruências etc.). *O que interessa no contexto deste livro é o fato de que quanto maior for o conflito interno e quanto mais energia o ego está gastando para tentar se equilibrar internamente, menos condições ele tem de lidar com o meio ambiente (função executiva), tornando a pessoa menos efetiva e produtiva em relação às suas metas.*

No aspecto profissional, o ideal é ter alguém ou uma equipe cuja capacidade de resposta aos desafios seja melhor desenvolvida, para que se gaste menos tempo com reações emocionais de desperdício e mais tempo na resolução do problema e na criação da realidade que se deseja.

Existem quatro tipos de respostas a um evento:

1) reação;

2) super-reação (*overreaction*);

3) resposta;

4) super-resposta (*overresponding*).

1) **Reação** – A pessoa que reage é aquela que se irrita quando ocorre um problema e não avança além da irritação em direção a resolução. Os seus atos, comportamentos, palavras, pensamentos e decisões são baseados na sua emoção negativa. O objetivo principal se torna livrar-se do desconforto interno. Seria como gritar com um subalterno quando você está irritado com algo e precisa-se "jogar" esta irritação em alguém. Ou tomar decisões desesperadas para tentar resolver imediatamente o problema, quando este merece mais tempo para ser analisado – a decisão de desespero serve mais para tentar se livrar do desconforto da insegurança ou do medo. Infelizmente a média dos profissionais funciona nesta categoria (independente de seu escalão). Este é o problema da reação, a pessoa re-age, ou seja, ela age batendo de volta na ação de uma outra pessoa ou evento, de forma defensiva.

2) **Super-reação** (*overreaction*)– Ocorre quando, associado ao problema presente, a pessoa reage baseada em irritações acumuladas de outros problemas não-resolvidos do passado. Conhecido como *overreaction*, é uma reação desproporcional ao evento. São casos onde, uma vez que conhecemos o problema, ficamos surpresos com

a reação intensa que a pessoa tem, pois parece ser muito maior do que a intensidade do problema em si. Neste caso, a pessoa reage não só ao problema, mas ao acúmulo de todas as irritações que ela vem segurando e "deixando de lado". O dano causado por estas pessoas super-reativas é grande, pois afetam o seu relacionamento com os outros, explodem emocionalmente e depois gastam um tempo fazendo gerenciamento de crise (tentando se desculpar pela sua reação ou pelas palavras ditas sem pensar). Outros nem tentam gerenciar os danos que causaram, desgastando, no longo prazo, o relacionamento com seus pares ou sua equipe.

3) **Resposta** – A pessoa "responsiva" é aquela que responde à adversidade, ou seja, ela lida com o problema, vendo-o como um desafio a ser resolvido e não como um ataque à sua pessoa (que é o caso dos dois exemplos acima). Responder ao problema significa analisar os dados e avaliar as possíveis soluções a serem testadas. O foco é na resolução do problema em si, mas isto só é possível porque a pessoa neste estágio já aprendeu a não gerar desconforto interno ou, pelo menos, aprendeu a manter o foco na situação em si em vez de se deixar "cegar" pelo seu desconforto emocional. Ela sabe que o desconforto faz parte do jogo e o mundo não vai acabar só porque ela está se sentindo desconfortável, então ela consegue ir em frente apesar de suas emoções. Esta é pessoa proativa, age em direção à solução e mantém este foco, independente do que foi dito ou feito pelos outros.

4) **Super-resposta** (*overresponding*) – Seria o oposto do *overreaction* acima. Esta seria a resposta mais ideal no longo prazo. A pessoa que super-responde é aquela que tem uma resposta que vai além do problema presente. Ela se pergunta: *O que eu preciso fazer para que este problema nunca mais ocorra?* Ela consegue avaliar não apenas os fatos presentes, mas percebe que o problema é um efeito. Assim, ela analisa também como lidar com a causa, ou com o sistema que está causando este problema, para que ele não volte a ocorrer. Isto exige uma resposta mais elaborada e planejada do que alguém que está lidando apenas com o problema imediato, que possivelmente voltará a ocorrer a menos que se pense nele sistemicamente. A pessoa resolvendo a situação com esta abor-

dagem contribui para que não se perca tempo tendo que confrontar o mesmo problema várias vezes. Quem possui esta habilidade é considerada "ante-ativa", que é um degrau ainda mais efetivo que o proativo. O ante-ativo é aquele que antecipa o problema e gera mudanças para evitar que este ocorra.

Estendendo a reflexão deste processo descrito acima, percebe-se que ele é análogo à maneira que as pessoas lidam com doenças. Quando doenças ocorrem, uns reagem negativamente, culpando a todos, à vida, sentindo-se injustiçados – estes são os reativos.

Outros respondem ao problema imediatamente, colocando foco no que precisa ser feito, quais remédios e tratamento são necessários para resolver a situação crítica – este é o proativo.

Outros vão além. Não só respondem à emergência, mas decidem mudar seu estilo de vida para que a doença nunca mais ocorra. São os ante-ativos, que pensam preventivamente e acabam tornando-se exemplos para outros que procuram por melhores modelos de referência.

> 11) Mito – Demonstrar humanidade é ser vulnerável
>
> Verdade – *Coaching* não é aceitar manha, é ver o outro com capacidade de se responsabilizar pela solução

Existe uma tendência cultural no mundo corporativo de achar que poder é sinônimo de ser duro com os outros. Não é à toa que até hoje o arquétipo do gestor vinha do mundo militar. Acabamos criando uma separação fictícia de algumas qualidades que são boas e outras que consideramos secundárias. Pensamos em um executivo e imaginamos alguém assertivo, competitivo, com rapidez de pensamento e ações, alguém que desbrave caminhos, que derrube muralhas, que conquiste novas fronteiras. Muito parecido com o que esperamos de um guerreiro. Até o dia em que este guerreiro é promovido a comandante e agora ele tem um grupo de guerreiros que ele precisa liderar. Como líder, espera-se que, além das qualidades de guerreiro, ele adicione outras para melhor exercer a sua função. No início ele vai reagir, pois não está acostumado a não ser guerreiro, até que percebe que ser um líder requer mais do que ele pensava, pois a base da liderança está na **interação pessoal com seus liderados**.

Nos seus estudos sobre inteligência emocional, Daniel Goleman conclui que mais de 70% da capacidade de liderança vem de habilidades de interação pessoal. Já que esta porcentagem é tão alta, porque os gestores não fazem disto a sua área primária de desenvolvimento e atuação? Devido ao preconceito antigo existente no mundo corporativo em relação às qualidades mais "humanas". Acreditava-se que ser humano neste mundo competitivo seria sinônimo de vulnerabilidade e fraqueza. Além disso, também existe uma imagem preconcebida onde demonstrar humanidade e ser brilhante intelectualmente não eram compatíveis. Nada mais longe da realidade. Ser humano não é o oposto de ter agilidade mental, na realidade é o complemento. Lembre-se de que os maiores líderes da humanidade, sejam políticos, sejam empresariais, eram respeitados porque seus liderados os admiravam. Isto porque eram assertivos quando precisavam ser e humanos quando precisavam ser. Conseguiam ter este equilíbrio nas suas competências de liderança.

Espero que já tenha ficado claro que liderar não é apenas dar ordens, mas também gerar desenvolvimento. Fico espantado com a reação de alguns gestores que reclamam por ter que criar momentos de interação com seus liderados, como se isto fosse mais uma diretriz da matriz, mais uma tarefa para alguém que já está lotado de tarefas. Alguns acham que sentar para escutar os outros é "frescura", pois vão perder a sua autoridade. Na verdade, esta capacidade de escutar o que os liderados têm a dizer não é sinal de vulnerabilidade do líder, é sinal de respeito, e é essa interação que gera lealdade.

A grande questão que surge é "como?". Como é a interação de um líder com sua equipe, para que ele mantenha a sua humanidade e também a sua posição de liderança? Um dos motivos pelo qual alguns gestores se sentem desconfortáveis com esta interação é que eles têm medo que o liderado use esta situação como uma desculpa para ter momentos de lamentação e de manha.

Coaching não é aceitar manha, muito pelo contrário, é escutar a situação do outro com respeito e depois contribuir para que ele perceba possíveis alternativas, para que ele se responsabilize pela solução. Ficar na manha gera sensação de impotência, mas investigar possíveis soluções gera empoderamento (*empowerment*). Isto é o melhor que um líder pode oferecer a quem o procura. O liderado que percebe em seu líder um aliado sente-se mais confiante de buscar as melhoras que quer.

O importante para o líder é definir de forma precisa esta aliança: lembre-se de que você é um aliado das metas de melhoria do seu liderado, você não é aliado da manha dele ou daquele lado dele que gosta de reclamar. Quando escutá-lo, escute com esta distinção em mente. Assim você estará sendo humano e líder ao mesmo tempo.

Uma vez que todos estes mitos e verdades sobre o que *coaching* é e o que *coaching* não é tenham esclarecido qual o papel do líder-coach, a próxima fase é a aplicação prática dos conceitos principais que norteiam este papel. Uma vez que estes conceitos práticos sejam bem entendidos, o processo se torna estruturado e linear, com começo, meio e fim.

Parte II
O Processo

Capítulo Cinco:

COLETA DE DADOS
O MAPA DO *COACHEE*

*"Nós não vemos as coisas como elas são,
nós vemos as coisas como nós somos."*
Anaïs Nin

- **Usos do 360 Graus**
- **Cuidados com o Mau Uso do 360 graus**
- **Não Existe Certo ou Errado**
- ***Overleveraging* e 360 Graus**
- **Diagnóstico não é Tratamento**
- **360 Eficaz**
- **A Coleta de Dados CLIER**
- **Valores**
- **Declaração de Missão**
- **Missão e Efetividade**
- **O Funil do Desenvolvimento**

O Mapa do Coachee

Quem é a pessoa que eu lidero? Aonde ele quer chegar? Quais qualidades ele já tem que o ajudam neste processo e quais ainda faltam desenvolver?

Para um líder iniciar um bom processo de *coaching*, esta fase inicial de investigação é importante, pois antes de começar a falar de futuro, precisamos saber qual é a realidade presente. Interessante perceber que, neste mundo profissional onde lidar com fatos é a base de excelência em qualquer área, quando o assunto é desenvolvimento individual ou planejamento de carreira, as pessoas ficam mais vulneráveis ao ataque das ilusões e fantasias. Muitos reclamam que não estão conseguindo chegar às suas metas, mas na verdade não têm uma idéia realista de qual é o seu ponto de partida. Este é o primeiro passo do *coach*, entender a diferença, o *gap* que existe entre o real e o ideal.

O ideal é a meta a ser alcançada, a visão que a pessoa tem para o seu futuro de curto, médio ou longo prazo. O ideal torna-se a força motora que motiva a pessoa a se desenvolver e a continuar indo em frente, mesmo quando as adversidades aumentam.

O problema é quando a expectativa em torno deste ideal se torna irreal. Isto acontece quando a pessoa acha que só por ela desejar algo este desejo deve ser realizado, sem que ela precise aprender ou desenvolver nada novo. Criamos uma sociedade impulsionada pela satisfação imediata, onde queremos algo e queremos agora. Ouvimos histórias de pessoas que fazem sucesso "da noite para o dia"; assistimos a filmes onde, num espaço de duas horas, o herói vai do fracasso ao sucesso (mesmo que o filme represente um processo que levou anos, para o espectador se passaram duas horas apenas) e criamos a idéia ilusória que as vitórias são sempre rápidas. Quando não são tão rápidas quanto gostaríamos, o ideal se torna um ponto de frustração, devido às ilusões criadas no meio do caminho.

A realidade é que toda conquista requer desenvolvimento de alguma habilidade, o que requer planejamento, entendimento do ponto de partida e visão do ponto de chegada.

Uso do 360 graus

É muito comum hoje em dia o uso do *feedback* de 360 graus. O propósito é de coletar dados vindos de pessoas de várias categorias de interação com o *coachee*, para contrastar a imagem que este tem de si e a percepção que os outros tem dele. Para muitos o contraste é tamanho que causa desconforto, para outros os resultados apenas comprovam o que eles já sabiam.

Como toda fonte de dados é bem-vinda, estas avaliações de 360, assim como quaisquer outras avaliações de desempenho, são possibilidades que devem ser consideradas ao se coletar dados sobre o *coachee* (sempre com permissão prévia do mesmo). Caso a sua empresa não tenha feito um 360 com as pessoas, existe uma outra forma de coletar dados, de maneira rápida e imediata, que será demonstrada abaixo. Importante enfatizar que um processo como o de 360 requer um *coach*, um consultor externo ou o departamento de RH para ser feito, devido à sua complexidade.

Cuidados com o mau uso do 360 graus

Talvez você nunca use um 360, mas se usar, ou se a sua empresa decidir usar, alguns avisos para certificar-se de que o processo de avaliação seja o mais eficaz possível.

Como o mundo empresarial é sempre cheio de tarefas, datas de entrega, exigências, etc., é comum observar que não se tem tempo de estudar alguns processos a fundo, estes acabam sendo utilizados de forma errônea e o conceito original é perdido ao longo do caminho. Todo processo de avaliação, quando disseminado rapidamente e de forma generalizada nas empresas, infelizmente acaba sofrendo o risco de se distanciar de seu propósito original. Muitos casos que têm ocorrido, independente do país onde o 360 é aplicado, demonstram que, apesar de alguns usarem a avaliação de maneira efetiva, outros a usam sem ter noção correta de onde ela se enquadra no processo de desenvolvimento do profissional. Acaba se tornando algo que "nós usamos porque todo mundo está usando...".

Então para desmistificar de vez o 360, um lembrete sobre o seu objetivo.

Este tipo de avaliação acessa as várias competências de liderança ou de gestão de um profissional, com o propósito de definir algumas que precisem ser mais bem trabalhadas neste momento de sua carreira. O 360 é um excelente instrumento para o levantamento das competências a serem desenvolvidas. O 360 em si não desenvolve nada, apenas aponta o que deve ser desenvolvido. O desenvolvimento de competências é um processo em si e o *coaching* é o modelo mais indicado para esse fim.

Não existe certo ou errado

O *coachee* faz a sua auto-avaliação e, no final da coleta de dados, nota o contraste que existe entre a sua percepção de si *versus* a percepção dos outros. Importante que ele entenda de forma mais clara e específica possível que não existe certo ou errado, pois o processo todo é baseado em opiniões subjetivas.

Para evitar que a parcialidade de algumas pessoas sobre o *coachee* gere distorções, é importante que o número de avaliadores seja de, pelo menos, entre dez e 12 pessoas, para que o resultado final seja uma média geral e não apenas a opinião de poucos. Como o processo é todo confidencial, o *coachee* não fica sabendo quem avaliou o quê, pois caso isto acontecesse poderia criar dissabores pessoais, gerando reações de desperdício.

Devido ao peso cultural que o ser humano carrega quando tem que lidar com testes, existe uma ansiedade grande quando se recebe os resultados de um 360, pois a impressão que muitos têm é que sua pessoa foi testada. Assim, se ele tiver nota baixa em algumas competências (o que é esperado, pois ninguém tem todas as competências já desenvolvidas) talvez ele sinta que a sua pessoa está sendo julgada, ou que ele não é bom o suficiente. Por isso, o momento de devolver ao *coachee* os resultados da avaliação é altamente delicado e deve ser feito por alguém qualificado, levando-se em conta que:

1) uma avaliação nunca mostra a totalidade da pessoa;
2) pela sua própria natureza, toda avaliação é limitada;
3) o *coachee* tem todo direito de discordar dos resultados;
4) os resultados não demonstram "a verdade", apenas opiniões de um grupo de pessoas sobre o coachee naquele momento da carreira dele.
5) estes resultados podem ter sido influenciados por vários fatores (rixas ou alianças, simpatias, remorsos passados, inveja, ciúmes, momento de crise ou de euforia da empresa, reação a projetos árduos que começaram, alívio de ter terminado projetos difíceis etc.) que nada tem a ver com o *coachee* em si;
6) a opinião que as pessoas fazem do *coachee* é baseada em memórias de eventos onde elas o observaram, que podem ou não representar um padrão de comportamento dele.

Com todas estas limitações, o 360 ainda consegue ser útil, pois, considerando a margem de erro devido aos fatores relacionados acima, quando se tem um grupo de dez a 12 pessoas avaliando, nota-se um certo consenso na percepção geral. Por exemplo, uma pessoa com hábitos mais introvertidos e passivos provavelmente vai reconhecer isto em si e vai notar que os outros também observam o mesmo. O importante, mantendo-se no conceito do 360, é o uso que se faz desta ferramenta.

Overleveraging e 360 graus

O objetivo deste livro não é ensinar a fazer um 360, por isso farei apenas uma última ressalva, que deve ser o pano de fundo de todo processo de avaliação. Já mencionamos anteriormente o conceito de *overleveraging*, onde uma pessoa usa uma habilidade ou competência mais do que o necessário, mesmo em situações onde outra competência fosse mais adequada.

Nos meus treinamentos, eu enfatizo constantemente a idéia de que o 360, quando bem usado, parte do princípio que uma competência só está tendo avaliações baixas porque outra competência (a sua complementar, provavelmente) está superdesenvolvida. De maneira mais simplista, é como se disséssemos "Você não é bom ainda na competência A porque você usou o seu tempo para se tornar muito bom na competência B".

Conclui-se que, neste momento, o desenvolvimento da competência em baixa dará ao *coachee* uma maior possibilidade de escolhas. Ele conseguirá aplicar duas competências complementares, usando aquela que é mais adequada ao momento – como ser firme em situações que pedem firmeza e ser acolhedor em situações que pedem acolhimento, por exemplo.

O 360 mal-usado dá ao *coachee* a impressão de que ele é problemático por ter notas baixas em algumas competências e ele se sente inseguro e diminuído como pessoa. Para se defender deste desconforto, ele vai brigar, reagir com raiva dos avaliadores, vai culpar a todos, ou vai sentir-se deprimido.

O 360 bem aplicado gera informação, nada mais do que isto. Com esta informação o *coachee* pode ter uma idéia mais definida de quais competências seria melhor desenvolver neste momento, algumas que talvez ele nem tivesse pensado, mas que apareceram freqüentemente nas avaliações dos outros sobre ele.

E se eu não concordar com os outros?

Como tudo em *coaching* é aprendizado, mesmo se o *coachee* achar que a percepção dos outros não combina com a sua percepção de si, é hora de perguntar a si mesmo o que pode estar causando esta dissonância.

Talvez a sua forma de se expressar esteja dando margens à interpretações que não representam a sua intenção original. Talvez ele venha de uma outra cultura empresarial que prezava a assertividade, e hoje esteja em uma cultura mais *soft* onde este mesmo comportamento que era recompensado antigamente, hoje seja julgado como agressivo e incomode as pessoas. A questão se torna a seguinte: como trabalhar com estas pessoas ou como canalizar esta assertividade de tal maneira que ela continue sendo efetiva sem assustar os outros.

Para que se alinhar aos outros? Porque todos os seus projetos, promoções, etc., serão frutos da qualidade da interação criada com eles, que podem tanto lhe apoiar como sabotar. Esta falta de capacidade de se alinhar com o grupo de trabalho é um dos grandes fatores que descarrilam a carreira de um executivo de alto potencial.

Para aqueles *coachees* que questionam porque desenvolver outras competências, por que prestar atenção na opinião dos outros, etc., e alegam que não querem deixar de ser quem eles são, lembre-os de que o objetivo não é perder a sua identidade e sim se adaptar às condições para que a sua identidade possa ser expressa com impacto mais positivo.

Diagnóstico não é tratamento

Segue o trecho de uma conversa que já presenciei várias vezes:

Coach – "Vocês já implantaram *coaching* na sua empresa?"

Empresa – "Claro, já fazemos *coaching* faz tempo."

Coach – "O que vocês já fizeram?"

Empresa – "Fizemos um 360 com todo mundo."

Coach – "E depois?"

Empresa – "Depois as pessoas sabiam as suas competências a serem trabalhadas."

Coach – "E depois?"

Empresa – "Depois???"

Esta conversa não tem continuação, assim como o processo não tem continuação. Fazer uma avaliação de 360 (ou qualquer uma que seja) não é fazer *coaching*. *Coaching* começa **depois** da avaliação. Existe o erro comum de se achar que pedir às pessoas que passem por avaliações é o processo completo e, uma vez isto feito, não precisa se fazer mais nada. Também já ouvi alguns dizerem "Eles já sabem no que precisam melhorar, agora é responsabilidade deles, pois a nossa parte já fizemos". Voltamos ao exemplo do médico que diz ao paciente. "O seu colesterol está altíssimo e se você não melhorar vai ter risco de vida. Pode acertar a conta na saída." Não faz sentido, porque sabemos que o **diagnóstico** não é o **tratamento**. Assim como uma avaliação não é *coaching*, é apenas parte da coleta de dados.

360 eficaz

Em uma pesquisa feita pela Linkage Inc., uma empresa de desenvolvimento executivo, denominada *Linkage Best Pactices in Coaching Survey*, um dos exemplos de 360 bem usado é o de Barbara Beath da Ernst & Young. Ela considera que o 360, quando utilizado como ferramenta de *coaching*, ajudou a melhorar índices de efetividade dos executivos da empresa. Ela menciona o caso onde foi feita uma avaliação 360 dos executivos de um departamento específico. De todos os avaliados, os executivos cuja pontuação estava nos 15% mais baixo da computação geral foram selecionados para receberem *coaching*. Quando a mesma avaliação foi feita no ano seguinte, 100% destes executivos apresentaram resultados mais altos e, na computação geral de todo o departamento, apenas um deles estava novamente nos 15% mais baixos. Os outros que apareciam nesta faixa mais baixa eram executivos que não tinham recebido *coaching*.

Quando usado de forma eficaz, o 360 é uma ferramenta poderosa que gera planos de desenvolvimento e crescimento para os avaliados, contribuindo genuinamente para a sua eficiência profissional e pessoal.

A coleta de dados CLIER

Considerando que você não tenha acesso a um 360 na sua empresa e você tem pouco tempo disponível para filosofar com o seu *coachee* sobre qual seria a melhor área a se desenvolver, existe uma alternativa eficiente. Eu criei o método CLIER como uma alternativa rápida e direta para se coletar dados importantes sobre o *coachee* sem que se precise depender de outras fontes.

Este é um processo investigativo baseado em perguntas referentes a cinco áreas principais:

C – Cultura – Investigar como o *coachee* vê a cultura da empresa em comparação ao seu estilo pessoal. Por cultura entende-se onde a empresa atua dentro do contínuo criado por dois pólos: *soft* (empresa mais estabelecida com foco em processos já existentes) ou *hard* (empresa em fase inicial ou em fase de mudanças com foco mais agressivo em conquistar território, vender, ser mais exigente). Existe alinhamento do *coachee* com esta cultura? Como é para ele atuar na cultura presente?

L – Liderança – Qual o estilo de liderança do *coachee*? Como ele atua quando lidera?

I – Informal 360 – Peça para o *coachee* imaginar que os seus pares e sua equipe estivessem sendo entrevistados sobre ele. O que eles diriam? Sobre o que eles reclamariam? Quais seriam os elogios?

E – Experiências diárias – Quando o *coachee* está no seu melhor durante o dia, qual atividade ele exerce que ele sabe fazer muito bem? E, no seu pior, qual atividade ou situação ele sabe que não vai bem?

R – *Role models* (modelos de referência) – Quem são modelos (seja no trabalho, seja na vida pessoal) que ele admira e por quê?

Estas perguntas são feitas sobre a sua situação presente, sobre as situações profissionais do passado e sobre o que ele gostaria no futuro. Na minha experiência, e na de outros *coaches* que foram treinados a usar o CLIER, observamos que é possível coletar uma enorme quantidade de dados em um curto espaço de tempo e de forma estruturada, gerando várias possibilidades e *insights* naturalmente. Como resultado do CLIER, o *coachee* muito provavelmente terá uma idéia mais clara das competências a serem trabalhadas.

Valores

O ser humano tem valores pessoais tão importantes que permeiam todo o seu comportamento e o seu estado emocional. A própria capacidade de motivação é influenciada pelos valores pessoais. Assim, é importante que o *coach* ajude o seu *coachee* a refletir e a esclarecer quais são alguns dos valores mais importantes para ele.

Os valores representam o porquê atrás das metas. Estes valores são qualidades importantes individualmente e variam de pessoa a pessoa. Estas qualidades são alimentos para a alma da pessoa, independente do meio onde ela atua. Somos naturalmente levados a agir de acordo com os nossos valores e nos sentimos dissonantes e resistentes quando agimos ou somos convidados a agir contra os mesmos. Por outro lado, quando realizamos algo que se alinha com nossos valores, sentimos a sensação de realização, nos sentimos completos e plenos.

Da mesma maneira que temos valores positivos, que nos levam à alguma ação específica, temos também valores negativos. Estes representam sensações que incomodam tanto que fazemos o possível para evitar.

Para saber os valores positivos que motivam o seu *coachee*, pergunte sobre momentos de sua vida onde ele se sentiu energizado e satisfeito e você vai notar vários valores ou alguns valores recorrentes em situações diferentes. Para saber quais os negativos, descubra qual tipo de situação é altamente irritante ou estressante para ele e que ele faz de tudo para evitar.

Para o *coachee* este é um trabalho que requer certa reflexão, mas vai ajudar a esclarecer um processo que afeta a vida de muitos profissionais, popularmente conhecido como auto-sabotagem. Quando alguém tem uma meta, se esforça e acaba dando um passo para trás no momento crucial, é comum dizer que a pessoa se sabota. Este conceito popular na verdade não procede, porque parte do princípio ilógico (mas aceito depois de ser repetido durante tanto tempo) que um lado de nós quer que tenhamos sucesso e o outro lado quer que fracassemos. A menos que uma pessoa sofra de distúrbio de múltipla personalidade (que mesmo na Psicologia já é considerado um diagnóstico questionável) é mais provável que não exista "sabotagem" como nós a denominamos.

O que existe é o conceito de valores conflitantes, ou seja, duas forças opostas exercendo pressão ao mesmo tempo. Enquanto o valor positivo motiva a pessoa a ir atrás de sua meta, o valor negativo (caso exista algum em relação à mesma meta) a leva para o lado oposto. É como acelerar e pisar no freio ao mesmo tempo. A pessoa está ao mesmo tempo indo atrás do que quer enquanto está querendo se proteger de alguma sensação negativa.

Por exemplo: o executivo que deseja falar em público, motivado pelo seu valor de compartilhar conhecimento, mas não tolera situações onde ele se sente vulnerável (valor negativo). Ele vai fazer cursos de técnica vocal, vai ensaiar, preparar uma apresentação elegante, mas, na hora do discurso, é possível que se sinta mal, tenha dúvidas, fique distraído e talvez até desista. Nestes casos, é importante o *coachee* ter conhecimento de quais são os seus valores negativos e encará-los de frente, para que estes não o dominem.

Declaração de missão

Toda empresa tem, idealmente, o seu *mission statement* (declaração de missão), que representa a sua meta maior que vai além da meta financeira. Apesar de muitas destas declarações estarem engavetadas, acumulando poeira, há empresas que norteiam o seu estilo de funcionamento e suas decisões baseadas nesta missão, que serve como base de sua identidade. Nesta, as pessoas são relembradas da missão e, quando notam que a empresa realmente é congruente com a sua missão declarada, sentem-se dignas de fazer parte de algo maior.

Em um mundo de reengenharia, *downsizing, rightsizing*, onde a lealdade da empresa com o seu pessoal está tão desacreditada, existe um esforço de se retomar este vínculo, que pode ser revitalizado quando todos se sentem parte desta missão maior. Empresas como a General Electric, por exemplo, estão fazendo experiências em voluntariado em grande escala, instalando hospitais em regiões distantes do continente africano para suprir a necessidade de atendimento médico existente. Esta decisão foi tomada a partir de sugestões dos próprios funcionários da GE que se envolveram ativamente no processo. Como resultado deste sistema de responsabilidade social, o vínculo da empresa com seu pessoal fica reforçado, criando um sentimento de maior respeito mútuo.

O que isto diz respeito ao *coachee*? A grande maioria dos profissionais não tem tempo de parar para pensar sobre a sua missão. Analogamente à missão da empresa é importante que se defina qual a sua missão pessoal:

- o que você deseja criar neste ambiente?;
- qual o legado que quer deixar?;
- você quer ser lembrado pelo quê?;
- por que você acorda e vai para o trabalho todo dia?

Os grandes atletas, aqueles que deram a volta por cima, que conseguiram buscar dentro de si força para vencer adversidades que pareciam intransponíveis, têm em comum um senso de missão. É esta missão que mantém a pessoa em estado de sanidade quando as exigências múltiplas e os obstáculos acumulam. É esta missão que consegue mantê-la com foco e a ajuda a tomar decisões importantes. Isto ajuda a seguir em frente sem se deixar abater pelos altos e baixos do dia-a-dia. Para a pessoa que não definiu qual a sua missão, estes altos e baixos parecem mais dramáticos, os problemas parecem maiores, as pancadas parecem mais dolorosas. Isto porque ela não tem ponto de referência e nem direção.

Missão e efetividade

Especialmente para um líder, de quem se espera a capacidade de resolver problemas e guiar sua equipe, conhecer sua missão o mantém mais efetivo na sua tomada de decisões. O oposto seria o líder que se perde no meio de tantas ondas diárias que esquece porque está ali, e acaba tomando decisões reativas que, com o tempo, colocarão em risco a sua liderança e o bem-estar de toda a sua equipe.

A responsabilidade do *coach* não é definir a missão do *coachee*, mas fazer perguntas que incentivem o *coachee* a refletir sobre esta questão, para que ele defina por ele o porquê de sua vida profissional. Este porque vai além de promoções ou ganhos financeiros, está relacionado com a capacidade de criar um pano de fundo coerente que permeie as suas decisões e os seus comportamentos. Uma vez que esta missão estiver mais bem definida, o próprio *coachee* vai notar se quem ele está sendo hoje em dia tem congruência com esta meta maior.

Existem muitos *clichês* negativos sobre a vida profissional, como se fosse quase um sacrilégio falar bem do trabalho. Já ouvi muitas vezes a idéia de que "quem está nos últimos momentos de vida nunca pensa que deveria ter passado mais tempo no escritório". Isto passa a imagem de que devemos ter um equilíbrio maior com o tempo que passamos com nossa família, o que é louvável. Por outro lado é importante não minimizar o fato de que o tempo que passamos no escritório pode ser uma época de realização e satisfação pessoais enormes, uma vez que temos uma missão pessoal definida.

Esta missão pode ser mais existencial, no longo prazo, ou uma missão de curto prazo, mais relacionada com sua equipe ou um projeto de prazo definido. O importante é ter esse referencial maior, que age como uma estrela norte no momento da tempestade.

O funil do desenvolvimento

Uma vez definida, a missão torna-se o ponto de referência para se mapear o processo de desenvolvimento. Imagine um funil dividido em três partes – a entrada, mais larga; a parte do meio, de largura média, e a saída, mais estreita. A primeira parte refere-se à missão, que seria uma meta maior e mais abrangente. Para que esta missão seja cumprida deve-se ter a consciência de que existe uma necessidade de adaptação pessoal, pois uma vez que você sabe o que quer é crucial que você defina a tríade da congruência.

Esta tríade representa o contínuo missão – identidade – competência. A realização da missão fica mais difícil quanto mais desalinhados estiverem estes elementos. Como criar este alinhamento? Questionando a sua congruência, de forma linear:

1) a minha identidade está congruente com a minha missão? Se não estiver, qual identidade preciso ter neste momento?;

2) a competência que decidi desenvolver vai me ajudar a reforçar esta identidade escolhida? Se não, qual competência seria melhor neste momento?

```
Escolha da Missão  >>>  Identidade Congruente  >>>  Competência Específica
```

Curiosidade

Para evitar qualquer mal-entendido, o termo "identidade" usado aqui refere-se ao seu conjunto de hábitos e comportamentos em um certo momento. Não significa que você vai ter que mudar a sua personalidade, ou deixar de ser quem você é. Significa que todos nós exercemos "papéis" na nossa vida, dependendo da área em que atuamos. A mesma pessoa pode ser professor, atleta, pai, filho, vendedor etc., são todos papéis diferentes, cada um com o seu conjunto de hábitos específicos.

> *Quando no papel de professor, a pessoa pode ter o hábito de ser mais intelectual e investigativa; quando no de atleta, ela pode estar acostumada a ser mais competitiva e assertiva; quando no de pai, mais carinhosa. Apesar de os papéis serem diferentes, a pessoa continua sendo quem ela é, apenas se adaptando de acordo com a situação. São expressões diferentes da mesma pessoa.*
>
> *Não é lógico alguém dizer "eu sou assim mesmo, não consigo ser diferente", e usar isto como desculpa para ser sempre intelectual, por exemplo, mesmo quando esteja exercendo os papéis de atleta, vendedor, pai, marido... Isto apenas gera frustração, pois a falta de congruência dificulta alcançar sucesso nos outros papéis, adiando a realização de qualquer missão que se tenha. Também é um sinal de falta de adaptação ao meio ambiente, fruto de possível rigidez e da exigência interna que o meio ambiente é que tem que se adaptar a ele. Como isto não acontece no mundo real, criaria-se um ciclo de frustração, ansiedade e raiva, culminando com a possibilidade de a pessoa se transformar em um pessimista e alegar que é um malcompreendido pelos outros. Este é o processo do desistente, que, por se recusar a exercer os papéis que cada situação pede, acaba exercendo o papel permanente da vítima, acreditando que ele teve azar e que a vida não lhe oferece chances de ter sucesso.*

Voltando à tríade da congruência, a pessoa que aprende (*learning person*) é aquele que, uma vez definida a sua missão, então define qual a melhor identidade (papel) deve exercer naquele momento para cumprir a sua meta maior. Uma vez definida esta identidade, define qual(quais) competência(s) ou comportamento(s) seria(m) o(s) mais congruente(s) com esta identidade. Isto vai gerar duas opções, ou observa que já tem a competência, é só uma questão de usá-la mais freqüentemente, ou avalia que a competência ainda não está bem trabalhada e precisa ser desenvolvida.

O funil do desenvolvimento, que começou com uma meta mais abrangente, gerou uma identidade ou papel mais específico, congruente com a meta, e finalmente se estreitou para o resultado mais específico ainda – a competência ou as várias competências necessárias para quem exerce este papel. Esta lógica linear e congruente gera o plano de desenvolvimento para o *coachee*, que vai-se adaptando e expandindo, para preencher as necessidades que o próximo estágio de desenvolvimento de sua vida pede. Esta capacidade de se adaptar é o conceito darwiniano do *survival of the fittest* – sobrevive aquele que está na melhor forma, ou seja, mais preparado para lidar com as novas exigências do meio ambiente.

Capítulo Seis:
Conexão Pessoal

*"Confiança é a lubrificação que torna possível
o funcionamento das organizações."*
Warren Bennis

- **Fatores para Estabelecer Aliança**
- **O Processo Não É Seu**
- *Coach – Mentor – Counselor*

CONEXÃO PESSOAL

O modo como o gestor enxerga o trabalho de *coaching* vai influenciar o seu comportamento e a sua interação com o *coachee*. Para quem vê este processo apenas como uma tarefa a mais na sua lista interminável de coisas a fazer, vai possivelmente cair na tendência de, em nome da eficiência, querer concluir a conversa no tempo mais rápido possível. Igualmente como se faz quando executamos uma tarefa que está na nossa lista tomando espaço e queremos tirá-la do caminho para completar as outras pendências. Este *coaching-como-tarefa* corre o risco de se tornar um processo automático e burocrático, o que vai minar a capacidade de interação entre *coach* e *coachee*.

Para o líder que percebe que o treinamento e desenvolvimento de sua equipe é uma das prioridades-chave de liderança, os momentos de *coaching* são abordados como algo quase "sagrado", ou seja, que requer envolvimento e foco, não como uma atividade que se faz de forma atropelada.

Esta é a base para que se construa a aliança entre *coach* e *coachee*, sem a qual não existe desenvolvimento. Uso a palavra aliança aqui para descrever o estado de conexão, de vínculo.

Seria interessante que o líder refletisse sobre o seu papel nesta interação, para que ele perceba o seu poder de influência. O líder-*coach* confiável e respeitoso consegue criar o ambiente propício para que o *coachee* se sinta apoiado. Por outro lado, se o *coachee* percebe que o seu gestor está apenas "cumprindo uma tarefa", sem demonstrar interesse real por ele, não há interação humana que resista. Importante enfatizar que, mesmo com todas as técnicas de *coaching* aprendidas, não se consegue enganar a necessidade de vínculo, pois *coaching*, assim como liderança, é acima de tudo um processo de interação humana.

Por que o estabelecimento desta aliança é tão importante? Porque o *coachee*, independente da competência que estiver sendo desenvolvida, vai ter que confrontar sua vulnerabilidade, sua insegurança, seu senso de inadequação. Aprender é um processo que gera muita ansiedade e tensão, pois significa sair da zona de conforto para testar novos comportamentos, sem ter a garantia de que estes funcionem rapidamente. Talvez por isto que o termo *Learning Organizations* é tão brilhante na sua simplicidade em descrever a base cultural de uma empresa competitiva.

Aprender significa ter a coragem de deixar de lado crenças, hábitos, modelos mentais que já estamos acostumados e já dominamos, em prol do novo, do desconhecido. Quando entramos no contínuo do aprendizado, somos temporariamente novatos, o que gera sensação de falta de controle (um dos causadores principais de estresse) e nos sentimos infantilizados.

Este é o cenário interno do *coachee*. Adiciona-se um gestor que não percebe a importância do seu papel como *coach* e a lógica é que o próprio *coachee* não se comprometa. Quem se compromete a tomar riscos quando não se sente apoiado?

Neste momento, o argumento intelectual do gestor apressado seria dizer "Mas os ganhos são do *coachee*, é ele quem vai ter os benefícios, então a responsabilidade de se comprometer é dele, independente do que eu fizer". Apesar de parecer lógico, este comentário demonstra ingenuidade sobre o comportamento humano, pois a maioria das pessoas tem o bom senso de saber o que é bom, saudável, adequado, mas quantas o fazem?

O ser humano é criatura de seus hábitos, mesmo que estes sejam ineficientes. Existe uma grande quantidade de energia necessária para criar hábitos novos e, sem algum apoio para nos ajudar a manter foco e passar pelas tensões, o aprendizado ainda pode acontecer, mas de forma muito mais lenta e talvez mais errática.

Existe uma força enorme gerada quando se tem alguém que nos ajuda a manter o foco, alguém que observa nossos progressos, alguém que nos desafia a mais. O *coach* se torna uma testemunha do processo do *coachee* e ter alguém que exerce este papel gera um senso de apoio e de que somos importantes – que, a propósito, é uma das necessidades primordiais do ser humano.

> **Curiosidade**
>
> Na psicologia o termo rapproachment é usado para descrever uma fase da interação da criança pequena com a mãe que exemplifica o que acontece no processo de aprendizado. A criança que já aprendeu a andar quer agora explorar o mundo, quer conquistar os espaços livres que vê à sua frente. É comum ver cenas de crianças de 2 ou 3 anos na praia andando ou correndo em direção ao desconhecido, enquanto a mãe observa. Ocasionalmente a criança olha para trás para ter certeza de que a mãe continua ali e, uma vez que ela vê a figura materna, sente-se confortável de novo e continua indo em frente. Este processo é similar a qualquer situação de aprendizado na vida adulta, onde o coachee se sente mais confortável de arriscar comportamentos novos quando percebe que tem o apoio do coach.

Considerando estes fatores, não é de surpreender que já ouvi em vários treinamentos empresariais pessoas que queriam saber se o *coachee* tinha o direito de escolher outro *coach*. Apesar de as causas para este comentário serem variadas, havia sempre o tema comum de o *coachee* não perceber que o *coach* se interessava realmente pelo seu processo.

Para quem ainda pensa nesta conexão como algo muito *soft*, um estudo feito por Karol Wasylyshn, PhD professora da Wharton School, no programa de Gerenciamento Avançado, publicado no Consulting Psychology Journal em 2003, demonstra que 86% dos executivos de seu grupo de amostra de diretores e VPs de empresas globais consideram a **capacidade de conexão** como uma das características mais efetivas de um bom processo.

Outra pesquisa feita por David Peterson (PDI International) com executivos também mostra resultados semelhantes. Quando questionados sobre os fatores considerados os mais úteis no processo, as respostas mais freqüentes foram:

1) *feedback* claro e construtivo;

2) relacionamento de confiança e apoio.

Fatores para estabelecer aliança

O estabelecimento da aliança é um dos fatores principais para que o processo avance. Assim, um bom líder-*coach* se responsabiliza para que isto ocorra, sem esperar que o tempo ("com o tempo a gente vai-se ajeitar") ou o acaso ("faltou química entre a gente") resolvam a interação. Uma vez que a aliança foi estabelecida e que o *coachee* se sente confortável de ter o *coach* como testemunha do seu processo, o avanço que ocorre é considerável. É surpreendente a quantidade de casos onde o *coachee* progrediu rapidamente pelo simples fato de ter alguém que o estava observando. Vários *coachees* dizem para mim que eles sabem que precisam mudar, mas, com a presença de um *coach* é como se eles tivessem permissão para testar coisas novas e permissão para ter sucesso. Não quero dar a impressão que apenas a aliança é suficiente para gerar resultados, mas em muitos casos o *coachee* está tão pronto que só precisa de uma testemunha, de alguém que o observe sem julgamento e que demonstre interesse no seu sucesso.

A seguir, estão alguns fatores que influenciam a sua capacidade de estabelecer vínculo:

1) Você é confiável?

Seja o mais honesto possível quando refletir sobre esta pergunta. Se você fosse um *coachee* que estivesse se preparando para enfrentar a insegurança de desenvolver alguma competência nova, você confiaria em alguém como você para ser o seu *coach*?

Se a resposta for sim, o que você tem que o faz confiável?

Se você se considera confiável, mas percebe que as pessoas não se abrem com você, talvez seja um sinal de que o seu comportamento com os outros não combine com a sua imagem de si mesmo. Neste caso cabe perguntar: o que gera nos outros a percepção de que com você não é seguro se expor?

Se a resposta for não, o que falta desenvolver para que as pessoas confiem em você? O que faz as pessoas se sentirem hesitantes com você? Você conhece alguém em quem as pessoas confiam? O que faz esta pessoa confiável – como ela age, como ela lida com as pessoas, que as fazem sentirem-se seguras?

2) Você sabe escutar?

Existe uma grande diferença entre ouvir e escutar. De forma simplificada, pode-se dizer que nós ouvimos sons, mas escutamos pessoas. Escutar pessoas tem repercussões imensas na capacidade de gerar confiança e vínculo, não só no começo, mas durante todo o processo.

Em *coaching*, o ato de escutar a história do *coachee* é focado em áreas diferentes:

a) **Escutar a história em si** – Sem julgar ou emitir opiniões apressadas. Uma das grandes reclamações das pessoas é que "ninguém as escuta". Na pressa de resolver, opinamos e damos soluções rápidas sem ter todos os fatos. Pior quando julgamos o outro por ter ações que nós consideramos inefetivas. Nesta posição, onde nos colocamos como *experts*, possivelmente iremos gerar arrogância, o que esfria qualquer tentativa de vínculo;

b) **Escutar sem julgar a pessoa** – O papel do *coach* não é de ser juiz dos atos do *coachee*, ensinando o que é "certo" ou o que é "errado". Escutar tem a intenção de se colocar na posição do *coachee* e perceber que, mesmo não concordando com os seus atos, nada garante que você não teria agido da mesma maneira caso estivesse na situação dele. Carl Rogers chamava esta competência de *unconditional positive regard* – consideração positiva incondicional – a capacidade de respeitar a humanidade do outro independente de você concordar ou não com o que ele fez. Uma vez que o *coachee* se sente respeitado como ser humano, ele fica mais receptivo a avaliar as suas ações e fazer as alterações necessárias;

c) **Escutar o seu modelo mental** – O foco do *coach* não é resolver a vida do *coachee*, mas ajudá-lo a reavaliar a sua maneira de agir, para que este desenvolva novas alternativas na conquista de seus objetivos. Uma das grande qualidades do coach é não se deixar levar pela história do *coachee*, por mais fascinante que ela seja. Cada história que o *coachee* conta é, na realidade, uma descrição de como ele funciona, e é nisto que o *coach* deve prestar atenção. Ele escuta o *coachee* e coloca atenção em como esta história representa o funcionamento dele diante das situações;

d) **Escutar as qualidades do outro** – Em momentos de crise ou de insegurança, as pessoas geralmente perdem a noção de suas qualidades e potencialidades. Um bom *coach* consegue escutar estas qualidades embutidas nas histórias do *coachee* e traz estas qualidades à tona, para que ele também se conscientize delas. Esta capacidade é de muita utilidade, pois tira o *coachee* da cegueira temporária causada pelo momento de ansiedade e estresse. Vários destes momentos podem existir durante todo o processo de aprendizado.

O processo não é seu

Devido à cultura de resultados que permeia não só o ambiente profissional, mas todos os aspectos da cultura contemporânea, é importante lembrar que existe um limite ao papel do *coach*. Ele apóia, questiona, incentiva, mas o resultado final está nas mãos do *coachee*. Mesmo com um *coach* efetivo e experiente, se o *coachee* não se responsabilizar pelo processo, este não vai acontecer. O "dono" dos resultados é o *coachee*. É importante que o *coach* entenda esta realidade para que não se pressione ou se iluda em achar que é ele quem será avaliado ao final do processo de *coaching* (claro que isto não isenta o líder da responsabilidade de desenvolver a sua capacidade como *coach*, pois quanto mais efetivo mais ele contribui para o sucesso do *coachee*). Portanto, apesar de oferecer apoio e de criar vínculo, o *coach* não deixa o papel de *coach*, ou seja, ele não transforma a vida do *coachee* na sua vida, ele mantém um certo distanciamento saudável que dá espaço para o seu *coachee* desenvolver-se.

O *coach* que não consegue criar este distanciamento e teme que os resultados do *coachee* mostrem ao mundo o quanto ele é bom ou não como *coach*, pode-se envolver demais e se tornar exigente demais, cometendo alguns erros explicados a seguir:

1) **Quebra de confidencialidade** – Existe uma expectativa implícita que as conversas entre *coach* e *coachee* sejam confidenciais. Se o *coach* deixar vazar o teor das conversas e das dificuldades que o *coachee* tiver exposto, quebra-se o vínculo. O *coachee* se sente traído e desrespeitado, pois o contrato implícito é que as informações compartilhadas existam apenas no container "*coach-coachee*". Quando as informações vazam têm o mesmo impacto de fofoca. O *coach* ansioso por resultados deve cuidar para não cometer este erro, pois, neste caso, a sua ética será questionada.

Cada comentário que se faz sobre o *coachee* a terceiros deve ter sua permissão prévia.

2) **Desafios irreais** – Na ânsia de ver resultados rápidos, é possível que o *coach* sugira desafios que sejam altos demais para o estado de desenvolvimento do *coachee*, o que apenas gera ansiedade. Lembre-se de que o processo não pertence ao *coach*, portanto é importante não impor parâmetros de rapidez que não condizem com a realidade.

3) **Dar conselhos** – À primeira vista parece mais rápido e menos doloroso dar um conselho para o *coachee* em vez de esperar que ele pense em alternativas. No longo prazo isto atrasa o processo, pois se cria uma expectativa da parte do *coachee* que o *coach* vai sempre ter as respostas, o que acaba gerando dependência. Como resultado, o *coach* se torna um guru, e o *coachee* fica em estado infantilizado. Não é lógico dizer que é proibido aconselhar, mas o importante é lembrar que conselhos devem ser o último recurso, pois o papel fundamental do *coach* é ajudar o **coachee a buscar repostas por si mesmo**. Lembre-se do ditado que diz: *"Conselho é o fraco substituto ao qual apelamos quando não conseguimos ajudar uma pessoa a se ajudar"*.

4) **Não se torne um terapeuta** – Com a ânsia de ajudar, o *coach* pode cometer o erro de se envolver em resolução de questões emocionais do *coachee*. Caso o *coachee* tenha problemas emocionais, não é papel do *coach* lidar com eles, deixe isto para o psicólogo.

Coach – mentor – *counselor*

Os erros relatados anteriormente, ocorrem quando o *coach* perde noção do seu papel, ou quando não tem em sua mente a definição clara do que é o papel do *coach*. No próprio mercado profissional tenho observado muita confusão em relação à diferenciação entre *coach*, mentor, consultor e *counselor*. Algumas pessoas usam os termos sem distinção, apenas para se enquadrar na demanda do momento e acabam causando mais desinformação. Na verdade, estes papéis são totalmente diferentes. Cada uma destas funções mereceria um livro explicando todas as suas nuances, mas como isto foge do escopo deste texto, farei apenas uma diferenciação simples:

- consultor: aponta processos inefetivos e sugere soluções;
- *coach*: ajuda o *coachee* a desenvolver competências comportamentais;
- mentor: alguém experiente na empresa ou na profissão do seu pupilo, que ajuda a abrir portas, fazer contatos. Compartilha sua experiência;
- *counseling*: processo que pode ser aconselhamento de carreira, onde se faz planejamento estratégico de carreira; ou *counseling* emocional, aplicado por psicoterapeutas, com o propósito de ajudar a resolver questões emocionais.

Estes são papéis diferentes, exercidos por profissionais diferentes. Se a mesma pessoa decide exercer todos estes papéis no seu processo com o *coachee* pode acabar gerando uma relação confusa, com baixo retorno no alto investimento de tempo e energia dedicado ao processo.

Capítulo Sete:
METAS

*"Aquele que tem um 'porque' para o qual viver,
agüenta praticamente qualquer 'como'."*
Nietzsche

- O Segredo
- Metas – Eu × Empresa
- Recursos Existentes
- Diferença entre Prazer e Satisfação
- Satisfação no Trabalho

METAS

O processo começa com o entendimento do *coach* em relação ao objetivo do *coachee*. O que ele quer, qual a sua meta? Existem dois tipos de metas a serem trabalhadas:

1) meta de desenvolvimento;
2) meta de performance.

Esta diferenciação é apenas para conceituar dois momentos de aprendizado. O momento de metas de desenvolvimento representa uma situação relacionada a planejamento de carreira, onde o *coachee* tem o objetivo de se preparar para uma possível mudança (seja promoção, seja uma mudança horizontal). Neste caso a meta é a posição de carreira que ele quer alcançar, e o processo de *coaching* vai ser focado em desenvolver as competências e habilidades para que ele esteja preparado.

O momento de metas de performance é relacionado a metas de sua posição presente. É a pessoa que procura por resultados melhores no seu dia-a-dia ou que precisa melhorar alguma situação que não está funcionando adequadamente. Neste caso o processo tem o foco em desenvolver as competências que faltam para a sua posição presente.

> **Curiosidade**
> Um aviso é que, por questões de hábito, muitos coachees não têm idéia formada do que ele quer, pois, devido ao foco constante em reclamar do que não está bom, as pessoas se tornam especialistas em saberem o que elas não querem. Quando se pergunta o que elas querem, elas continuam reclamando da situação que está incomodando, dizendo que o seu desejo é que esta situação não aconteça mais. Para uma situação deixar de existir, nada mais efetivo do que substituí-la por outra, pois nada desaparece no vácuo. Situações são como pensamentos, não adianta dizer "Não quero mais pensar em A". Não pensar não é uma possibilidade para um cérebro pensante, então a questão é **no que vou pensar se não quiser pensar em A**. Quem apenas

> *reclama do que não quer não está colocando foco em construir o que quer. Uma pergunta básica como "O que você gostaria em vez desta situação", ou "Se as coisas fossem como você idealiza, o que estaria acontecendo" (o foco é no que estaria acontecendo quando ela atingisse o seu ideal, e não no que não estaria acontecendo quando ela atingisse o seu ideal).*

Uma vez que o *coachee* tenha estabelecido o que ele quer o processo de *coaching* está pronto para começar, pois a partir de agora você como *coach* sabe para onde a pessoa quer evoluir.

O *coachee* também se torna mais interessado no processo, pois ele começa a perceber que o processo de desenvolvimento que o *coach* sugere não é algo a ser feito apenas para o bem da empresa, mas para o bem dele como indivíduo. Existe um conceito nos EUA que chamamos de WIIFM (*What's In It For Me*, algo como: *O que eu ganho com isso?*), que representa a realidade da motivação humana – tudo que fazemos é motivado pela expectativa de ter algum ganho. Quando o *coachee* percebe que o seu *coach* vai ajudá-lo a aumentar as possibilidades de conseguir as suas metas, ele se torna motivado no processo, pois percebe que terá ganhos pessoais.

Por outro lado, o *coach* tem um parâmetro para ajudar o *coachee* a medir o impacto de suas ações. Uma vez que eu sei qual a sua meta, fica fácil ajudá-lo a perceber se as suas ações estão contribuindo ou não para o resultado desejado.

O segredo

Inconscientemente, um dos motivos que muitas pessoas mantêm suas metas individuais em segredo é devido ao fato de, uma vez que esta seja anunciada publicamente, existe uma responsabilidade maior de responder pelas suas ações. Caso as pessoas não saibam quais os meus planos, então eu poderia ter qualquer tipo de atitude, por mais errática que fosse, em qualquer direção, que não iria fazer diferença ao mundo externo. Porém, uma vez que eu anunciei a minha meta para outros, naturalmente eu me torno mais disciplinado ou vou-me sentir envergonhado pela incongruência entre a meta que anunciei e as ações que estou tendo (caso estas não estejam me levando mais próximo de minha meta).

Metas – eu × empresa

Para que as metas não se tornem apenas desejos fantasiosos sem base no contexto real da empresa, é importante ajudar o seu *coachee* a pensar sistemicamente. Uma vez que ele decidiu qual o objetivo dele, a próxima fase é investigar quais as expectativas da empresa. David Peterson usa o termo *Success Factors* (fatores de sucesso) para estas expectativas organizacionais. O conceito representa uma necessidade de alinhamento entre o indivíduo e o contexto, entre o que o *coachee* almeja e o que a empresa espera. Caso este alinhamento não exista, frustrações futuras possivelmente acontecerão.

Por exemplo: um gerente cujo objetivo é se tornar diretor e decide desenvolver habilidades que, ele acredita, fariam dele um bom candidato ao cargo. Baseado apenas na sua percepção ele se esforça no seu processo de aprendizado, cometendo o erro de não investigar o que a empresa espera de um diretor. Para esta empresa específica, existem algumas competências-chave que se espera de alguém neste cargo, que podem ou não ser as mesmas de outra empresa. Neste contexto, é possível que, mesmo com o seu esforço, o que o gerente está desenvolvendo não é o que a empresa quer. Caso ele não seja considerado para o cargo, provavelmente vai-se sentir frustrado e alguns até se sentiriam injustiçados, quando a questão real é falta de alinhamento, causada por percepção falha.

A questão-chave é: como atingir o que eu quero dentro do contexto do que a empresa quer? É importante alinhar as minhas metas com os fatores de sucesso estabelecidos pela empresa para que o desenvolvimento seja eficaz e traga resultados benéficos para ambos.

Recursos existentes

Uma vez que o *coachee* tenha definido a sua meta, a próxima pergunta lógica seria sobre os recursos existentes. O que você tem (qualidades, habilidades, competências) que lhe ajudam a conseguir a meta, e o que está faltando desenvolver?

Muitas pessoas acham que este momento de investigação é tão óbvio que acabam passando por ele sem cumpri-lo. Imagine que todo indivíduo é análogo a uma equipe que deseja ganhar o campeonato, e cada habilidade sua seria um dos atletas da equipe. O campeonato começa quando se anunciou a meta. Agora é o momento de chamar todos os jogadores e estudar o time para avaliar se este tem condições de ir à final. Alguns jogadores estão prontos, outros precisam de mais treino, mas ninguém começa um campeonato sem saber qual a condição de cada jogador.

Igualmente, sugere-se que o *coachee* faça uma avaliação pessoal de quais habilidades ele tem que vão ser úteis e quais, na percepção dele, precisam ser melhor desenvolvidas. Neste momento, é comum que exista uma certa dificuldade em definir tanto uma quanto outra, pois este processo requer reflexão interna, além de uma certa imparcialidade, o que por si não é simples. Existe também a dificuldade comum ao ser humano de não conseguir se observar de forma tão objetiva que ele aponte com precisão quais as competências que não estão bem desenvolvidas.

Para facilitar o processo, colocamos na equação a percepção que os outros têm dele, simplesmente para que ele observe o contraste entre o que ele vê sobre si e o que os outros observam. A idéia aqui não é de definir quem tem a percepção melhor ou quem está certo, mas apenas ter várias fontes de coletas de dados. Quanto maior o número de fontes, menor a margem de erro. Existem algumas maneiras diferentes de coletar os dados sobre a percepção dos outros.

Este é um dos momentos-chave do processo, a capacidade de escolher e definir metas que façam o processo de *coaching* algo que tenha um alto ROI (retorno no investimento), tanto para a empresa quanto para o *coachee*.

Possivelmente várias áreas de desenvolvimento virão à tona durante o processo de coleta de dados e agora o *coachee* deve escolher dentre estas qual a competência mais urgente a ser trabalhada. O que também pode ocorrer é que, das várias possibilidades de escolha, nota-se que existem um ou dois temas comuns que estão afetando o *coachee* de formas diferentes. O importante é que o *coachee* defina um tema ou uma competência para por foco neste momento, que ele acredite irá trazer mais benefícios. Esta competência escolhida pode beneficiá-lo tanto em um projeto presente que ele esteja envolvido, como melhorar a sua capacidade de ser mais eficiente em seu cargo como um todo ou pode ser algo que o faça um profissional mais completo, preparando-o para um cargo mais avançado.

Como o desenvolvimento do *coachee* acontece dentro do contexto da empresa em que ele atua, também é importante gerar um alinhamento da competência que ele escolheu desenvolver e as expectativas da empresa. Anteriormente, descrevi o conceito de Fatores de Sucesso – aquilo que importa para a empresa, os parâmetros através dos quais a empresa em si define sucesso, de acordo com o seu planejamento estratégico. Neste momento o *coachee* observa se o desenvolvimento da competência escolhida ajuda a contribuir para alguma necessidade crítica que a empresa tem. O objetivo é criar um alinhamento entre o que o *coachee* vai desenvolver e do que a empresa precisa.

Existem situações onde a meta do *coachee* é mais um planejamento estratégico para fazer cursos onde ele tenha melhor preparo técnico para atender necessidades funcionais da empresa – competências técnicas e outras situações onde a meta requer desenvolvimento de competências comportamentais.

Mesmo quando a meta é numérica (por exemplo, aumentar as vendas em 30%), além do planejamento das ações, um fator que sempre deve ser considerado é: o que precisa ser melhor trabalhado no *coachee* para que ele consiga os seus resultados? Eu sempre sugiro que ele reflita sobre esta pergunta: Que tipo de pessoa você precisa ser, com qual comportamento, para aumentar a possibilidade de conseguir a sua meta?

Robert Hargrove menciona o conceito de metas *near and clear* (próximas e precisas). Isto significa que metas efetivas são aquelas que são formuladas com a definição mais específica possível (para que se saiba exatamente quando a meta foi alcançada), além de serem metas que poderão ser realizadas no curto prazo.

Certamente existem metas mais longas, principalmente quando o tema for relacionado a algum projeto empresarial. Neste caso, o *coach* ajuda o *coachee* a subdividir a meta no que eu chamo de minimetas. Minimetas são os sinais ao longo do caminho que marcam o progresso do *coachee*. Assim, não existe uma meta gigante, o que existe é uma sucessão de minimetas que o levam à direção escolhida. O *coach* e o *coachee* avaliam o espaço que existe entre o real e o ideal, entre o momento presente e a meta final (*gap analysis*) e definem quais minimetas devem ser cumpridas ao longo do caminho. Muitas vezes estas minimetas representam uma competência (técnica ou comportamental) que precisa ser desenvolvida para habilitar o *coachee* a completar o plano. É como um músculo específico que o atleta desenvolve para que ele consiga nadar mais rápido. A meta final é de nadar 100 metros em um tempo abaixo do recorde mundial, mas para isto ele vai ter que trabalhar os músculos que lhe permitirão ir além de sua marca anterior.

Subdividir a meta em minimetas também evita o choque que existe quando o *coachee* nota que o seu desejo está muito longe do seu presente. Para muitos, esta percepção gera desânimo e possível desistência. Usando a estrutura das minimetas, a verdade é que uma meta aparentemente distante é apenas um indício de que o número de minimetas seja maior. O sucesso estrondoso que se deseja lá na frente torna-se uma série de minissucessos ao longo do caminho.

O ideal é que o *coachee* não abra mão de suas metas, mesmo quando estas pareçam difíceis. Claro que estamos falando de metas alcançáveis, considerando o contexto empresarial onde a pessoa atua, pois metas que sejam totalmente irreais devido à sua desconexão da realidade acabam trazendo paralisia. A questão é que a maioria das pessoas que desiste de suas metas o faz não por elas serem metas inalcançáveis, mas por que elas se assustam com a sua percepção do grau de dificuldade ou do tempo que vai levar, o que provoca desânimo e a percepção falsa de que estas são inatingíveis. Cria-se com isso a profecia auto-realizante – como a meta aparenta ser inalcançável a pessoa desiste, comprovando que a impossibilidade que ela acreditava era verdadeira.

Curiosidade

O problema acumula quando estas pessoas, depois de terem desistido, observam que outros conseguiram realizar aquilo que parecia proibitivamente difícil. Assim, desistir de suas metas gera baixa auto-estima em duas ocasiões: uma, na nossa avaliação interna, pois a pessoa que desiste (por qualquer motivo que seja) está enviando a si mesma a mensagem de que ela não consegue.

A outra ocasião de baixa auto-estima acontece mesmo que alguém alegue que "não é que eu desisti, eu simplesmente não fiz nada em relação ao assunto, fique apenas na esfera do sonho..." Não fazer nada é uma forma de desistência. A britânica Karen

> *Horney postulava que, para a psique do indivíduo, sonhar com algo e não fazer nada tem o mesmo valor negativo que fazer algo e fracassar!*
>
> *Continuando com este pensamento, o psicólogo húngaro Csikszentmihalyi alega que a satisfação psicológica do ser humano vem de sua capacidade de se empenhar profundamente na realização de uma meta ou missão. Mesmo que ele não tenha sucesso, o processo de profundo empenho e concentração são geradores de satisfação (como o atleta que não consegue a medalha de ouro nas Olimpíadas, mas que decide dedicar os próximos quatro anos a treinar ainda mais duramente, para competir de novo). Juntando estas duas conclusões, pode-se afirmar que aquele que tentou e fracassou tem internamente uma vantagem psicológica sobre aquele que sonhou e não fez nada.*

Diferença entre prazer e satisfação

A necessidade de ter metas desafiadoras é tão primordial no ser humano que, sem estas, a sua vida se torna entediante e sem sentido. Csikszentmihalyi alega que uma vida que tem sentido para o indivíduo é fruto de uma sucessão de metas desafiadoras. A capacidade de satisfação do ser humano é relacionada à sua necessidade interna e perene de crescimento e desenvolvimento. Satisfação é o que buscamos incessantemente, mas esta não vem em momentos de gratificação imediata, seja com compras compulsivas, comida etc.

Podemos dizer que estes exemplos de gratificação imediata geram prazer, mas este prazer é efêmero demais, não dura o suficiente para preencher a nossa necessidade, o que faz o ser humano buscar por mais, eventualmente gerando um senso de vazio que continua não sendo preenchido.

O processo de satisfação é totalmente diferente, pois não pode ser comprado, é algo conseguido como fruto de alguma adversidade ou algum desafio que vencemos. Esta sensação de vitória é mais duradoura e memorável.

Quando aprendemos algo, quando desenvolvemos alguma competência ou habilidade nova, existe uma sensação de controle sobre algo que parecia fora de nosso domínio. Neste momento, o nosso ser se tornou mais complexo, ou seja, somos mais do que éramos antes. Este crescimento é o que gera satisfação.

De acordo com Csikszentmihalyi, metas inefetivas geram ansiedade ou tédio. Se a meta for fácil demais, gera tédio, pois não requer nenhum crescimento e, assim, não existe satisfação. Neste caso, deve-se aumentar o nível de desafio da meta.

Por outro lado, se a meta for difícil demais, gera ansiedade, pois o indivíduo sente-se inadequado, sem controle nenhum e sem poder para lidar com o que precisa ser feito. A idéia comum seria diminuir o grau de dificuldade da meta, o que criaria um alívio imediato. Isto só é efetivo no longo prazo se esta nova meta, de menor dificuldade, for apenas uma minimeta para se chegar à meta original. O ideal seria manter a meta original, subdividi-la em quantas minimetas forem necessárias e desenvolver as competências ou aptidões para que a pessoa consiga ir em frente.

Resumindo:

> Tédio = meta não desafiadora → aumentar nível de desafio ou escolher outra meta mais desafiadora
>
> Ansiedade = meta desafiadora demais → aumentar competência

Satisfação no trabaho

Csikszentmihalyi fez um estudo baseado em um método de pesquisa que ele idealizou (ESM – *Experience Sampling Method*), onde foram investigados quais os momentos em que as pessoas experimentavam mais componentes de satisfação. A pesquisa, feita em tempo real, cobria a vida dos pesquisados sete dias por semana e os investigava várias vezes ao dia. O que se notou foi que as pessoas sentem três vezes mais momentos de satisfação no trabalho do que em momentos de lazer, provavelmente devido ao fato de estarem lidando com adversidades e projetos que exigem o uso mais focado de suas competências.

Outros estudos de gestão mostram que uma das grandes causas da falta de motivação das pessoas na empresa é a falta de desafios e variedade, o que vai gerando um senso de apatia. A necessidade de ser desafiado, seja pela empresa, seja por metas auto-estabelecidas, é tão importante que chega a ter precedência sobre um dos valores mais confusos sobre o trabalho: achar aquilo que se gosta de fazer.

Muito comum ouvir "não sou feliz no trabalho porque não achei aquilo que gosto de fazer", mas isto é um conceito abstrato. Existem várias teorias contemporâneas que alegam que o conceito de descobrir aquilo que se gosta é uma idéia romântica, pois, se todo mundo fizesse o que gosta, teríamos um mundo cheio de atores, músicos e jogadores de futebol. Independente de qual teoria é a melhor, a minha observação no meu trabalho com muitos executivos que foram meus *coachees* é que estar envolvido com algum projeto desafiador é um dos grandes geradores de satisfação, independente da pessoa estar trabalhando na sua carreira ideal ou não.

Certa vez, ouvi um executivo dizer que, no fundo, a carreira dele não era bem o seu sonho, mas adorava os desafios dos projetos que a empresa apresentava e não tinha o menor desejo de mudar de profissão. Ele é considerado no mercado em que atua um dos melhores e mais respeitados executivos do ramo e está muito mais alinhado com a sua profissão do que muitos outros que dizem estar na carreira que gostam, mas se sentem insatisfeitos. Desafio é a chave da satisfação.

Capítulo Oito:
PLANO DE AÇÃO

"Visão sem ação é um sonho. Ação sem visão é um pesadelo."
Provérbio Japonês

- **Ação, Não Apenas *Insight***
- **Comemore**

PLANO DE AÇÃO

Agora que as metas estão definidas de forma clara e precisa e no curto prazo, o plano de ação é traduzir estas metas em atos. Quanto mais vaga e abstrata for a meta, mais trabalhosa será a criação do plano de ação. Quanto mais precisa a meta, ela naturalmente se desdobrará em um plano de ação que se forma por si mesmo, num processo natural.

O *coachee* define **o que** e **quando** fazer – quais ações e quando elas vão ser realizadas. O importante é lembrar que, em um processo de desenvolvimento, a formulação das ações deve sempre ser baseada em:

1) capacidade de maior aproximação da meta;

2) capacidade de desafiar o *coachee*.

Desenvolvimento só ocorre quando o *coachee* passa por um processo de desafios, onde ele vai gradualmente confrontando e vencendo os seus próprios limites. Este é o processo de *stretch goals*, onde periodicamente o *coachee* vai aumentando o nível de desafio dos passos do seu plano de ação, até que ele solidifique a sua capacidade de aprendizado, ou seja, que ele consiga exercer a "nova" competência de forma eficiente.

A energia do *stretch goal* é gerada devido ao desafio de superar-se, de ir além de onde o *coachee* foi na semana anterior. Outro benefício é que, com o *stretch goal*, o *coachee* consegue conquistas que dificilmente teria alcançado sem se desafiar. Mesmo que não consiga atingir o alvo do *stretch goal*, consegue progredir mais do que se não o tivesse. Alguém que não conseguiu atingir a sua meta de aumentar suas vendas em 40%, por exemplo, pois conseguiu aumento de 25%, deve ser avaliado como um progresso considerável. Sem o *stretch goal* talvez não tivesse havido aumento algum.

O líder-*coach* tem uma vantagem natural no seu trabalho com o seu *coachee*, devido às condições do contexto profissional. A empresa se torna um campo fértil de treinamento da competência nova, já que o *coachee* passa o seu dia inteiro ali. Assim, os passos do plano de ação podem ser realizados mais freqüentemente. Quando o *coachee* está treinando uma competência nova, ele tem a oportunidade de treiná-la várias vezes por dia, acelerando o seu processo de aprendizagem.

Ação, não apenas *insight*

O plano de ação representa a tradução do processo de *coaching*, que deve sempre resultar em alguma ação específica.

Diferente da tendência cultural de achar que o *insight* ou um momento de *"Ah, agora eu entendi"*, é o ponto culminante de uma conversa de aprendizado, no *coaching* o ponto culminante vem depois do *insight*. O *insight* neste caso é apenas a minimeta da conversa. A meta final é qual ação que o *coachee* vai implementar. Sem ação não existirá desenvolvimento real, pois o conhecimento adquirido será apenas intelectual. O aprendizado só acontece quando o conhecimento é aplicado na prática e o novo comportamento testado até que o *coachee* consiga exercê-lo com certo conforto.

Por isto, é improdutiva a crença de que mandar o *coachee* para um curso, um treinamento, ou ler livros e ver filmes gerará aprendizado completo. Estes elementos sem dúvida geram mais conhecimento e *insights*, e são parte importante do processo em si, mas o aprendizado só se solidifica quando é aplicado de maneira planejada em ações freqüentes. Análogo ao processo de desenvolvimento físico, ninguém aumenta seus músculos lendo livros de musculação ou fazendo cursos de anatomia muscular. É necessário exercitar a competência para, de fato, desenvolver-se.

Um erro que acontece com muitos *coachees* é colocar o foco intenso em adquirir informação de várias fontes, mas esquecer a prática. Cria-se a ilusão de que, se eu estudei o assunto, já entendo o que fazer. O processo de entender pode dar a impressão de que o aprendizado foi completo, o que contribui para que a pessoa coloque foco em outro assunto, achando que já fez a sua parte. Entender é uma dimensão. Colocar em prática é outra dimensão totalmente diferente, pois é aqui que os desafios realmente aparecem e que o aprendizado se torna real e integrado na pessoa do *coachee*.

O plano de ação deve estabelecer de forma específica o que se espera que o *coachee* faça e com qual freqüência. Quanto mais freqüente ele conseguir treinar a competência que ele está desenvolvendo, mais rapidamente ele vai integrar o aprendizado.

Comemore

A influência do *coach* é crucial, pois no processo de treinamento e ações constantes é importante lembrar que o *coachee* está experimentando comportamentos que provavelmente sejam novos para ele. O ideal é relembrá-lo que estas ações são como experimentos científicos, onde ele está testando algo novo para avaliar o quanto funciona. Como acontece quando testamos algo, ajustamentos provavelmente deverão ser feitos para aperfeiçoar a ação.

Se o *coach* conseguir manter este ponto de vista, ele vai contribuir para evitar que o coachee se sinta inferiorizado caso alguma ação não produza o resultado desejado. O *coach* tem foco no desenvolvimento, portanto tudo que representa progresso deve ser comemorado com o reconhecimento do *coach*.

Vivemos uma sociedade tão paranóica por resultados que acaba às vezes enfraquecida sob o peso de sua própria pressão, o que gera menos performance e leva as pessoas mais longe dos resultados que elas querem. Por outro lado, os líderes sábios entendem que uma meta realizada é o resultado de vários sucessos, e que cada sucesso que se comemora mantém os liderados no foco para continuar indo em frente. Nesta ditadura de resultados, muitos fazem o oposto, perdendo a noção do progresso que ocorreu.

O líder-*coach* deve comemorar qualquer sucesso que ocorre. Sucesso durante o aprendizado é definido como qualquer progresso, onde a pessoa teve algum avanço, por menor que seja. Dependendo do nível de exigência interna do *coachee*, caso alguma ação não tenha dado certo o seu discurso vai ser de fracasso, e irá cegá-lo ao progresso ocorrido. Cabe ao *coach* reconhecer o desenvolvimento e a experiência ocorridos, para tirar o *coachee* do suposto fracasso. Com este aprendizado, ele vai criar alternativas de ações baseadas na experiência adquirida, ou seja, vai testar novas ações.

> **Curiosidade**
>
> Teste de Freqüência, Duração e Intensidade
>
> No caso de o coachee estar lidando com alguma situação de incômodo, ou em situações onde a equipe está lidando com alguma situação crítica ou em casos onde um executivo é transferido para outro departamento para ajudar a consertar alguma situação grave, é comum, devido às circunstâncias, estar constantemente envolvido com problemas e reclamações, pois as pessoas acabam deixando-se levar pelo clima de pessimismo. Enquanto não conseguem ver a situação totalmente resolvida, podem perder de vista o fato de que existe progresso ocorrendo.
>
> O clima de um departamento em crise funciona de maneira muito semelhante a uma pessoa com depressão. Estudos mostram que a tendência do deprimido é, mesmo durante o tratamento, achar que tudo está horrível enquanto a depressão não sumir totalmente. Só quando se pede a ele que faça uma avaliação diária de seus momentos de depressão usando os fatores **freqüência**, **duração** e **intensidade** é que ele percebe a diferença. Com o tempo, a freqüência da depressão vai diminuindo, a duração dos momentos de baixa vai ficando mais curta e menos intensas.
>
> Este parâmetro também pode ser usado pelo coach para ajudar o coachee a perceber que, com suas ações, apesar de ainda não ter resolvido o problema totalmente, a sua freqüência, duração e intensidade podem estar diminuindo, o que demonstra progresso.

Capítulo Nove:
OBSTÁCULOS

"O impossível leva apenas um pouco mais de tempo."
Art Berg

- **Obstáculos Iniciais**
- **Obstáculos Internos**
- **Modelo Mental**
- **Escada da Inferência – Dados e Conclusão**

OBSTÁCULOS

Uma vez estabelecido o plano de ação, é importante que se pense em planejamento estratégico. Independente da ação planejada ser um telefonema, uma reunião ou um comportamento específico, é importante que se considere que, como em todo processo de aprendizado, tudo é um teste, sem garantias de que se acerte na primeira tentativa.

Assim, é importante prever os possíveis obstáculos que podem ocorrer para que o *coachee* esteja preparado. Quanto melhor ele conseguir lidar com estes obstáculos, maiores serão as chances de sucesso. Muitas pessoas se sentem desconfortáveis com esta fase, pois falar de obstáculos é associado a falar da possibilidade de fracasso, quando na verdade o objetivo é justamente o oposto.

A realidade é que, como diriam Csikszentmihalyi ou Ellis: *"o mundo não foi criado para atender às suas necessidades"*, ou seja, as pessoas não vão começar a concordar mais com você só porque agora você decidiu desenvolver alguma competência nova. O mundo continua o mesmo e não vai mudar só porque agora o *coachee* tem um plano de ação. As pessoas vão continuar agindo como sempre agiram, com as suas próprias verdades, carregando as mesmas idéias e as mesmas dores do passado.

É muito importante que isto fique claro para evitar o "pensamento mágico" de alguns *coachees*, que se iludem com a idéia de que, como as suas intenções são boas, os outros vão repentinamente se transformar, como se fosse um musical da Broadway onde no meio da cena alguém começa a cantar e pessoas que na história eram completamente estranhas dançam em uníssono, todos fazendo a mesma coreografia (e ainda temos que fazer de conta que eles nunca tinham se visto antes...). Esta ilusão de alguns *coachees* é comum e gera a reação inicial de alguns quando, depois de tentar um comportamento novo com alguém e não ter a resposta esperada, se sentem desanimados e alegam *"eu já fiz a minha parte, mas não deu certo..."*.

Para aumentar as probabilidades de sucesso, simplesmente antecipe quais os possíveis obstáculos que ocorrerão para já ter preparado algumas alternativas de resposta. Seria cruel mandar o atleta para o campo com apenas uma jogada preparada.

Importante lembrar que após todo plano de ação o *coachee* deve ser questionado sobre obstáculos para que ele reflita sobre as alternativas mais efetivas para conseguir o resultado que deseja. Um exemplo muito evidente disto foi no vôo da Apollo XIII, onde uma tragédia quase ocorreu quando a nave perdeu contato com a base, mas a situação altamente crítica foi resolvida e os tripulantes retornaram à Terra com vida. Acredita-se que isto só foi possível porque o *worst case scenario* (cenário da pior situação) já tinha sido simulado tantas vezes que, no momento que isto ocorreu, eles já estavam preparados para encará-lo.

No mundo empresarial existe o exemplo da Royal Dutch Shell, que há muito tempo fazia simulações de *worst case scenarios*, para estarem preparados no caso de possíveis guerras no Oriente Médio que afetassem a rota de seus petroleiros. Quando eclodiu a primeira guerra do Golfo, eles estavam prontos para se adaptar, rapidamente, enquanto as outras empresas petrolíferas acumulavam prejuízo.

Quando o *coach* pede para o *coachee* refletir sobre possíveis obstáculos, o objetivo é criar um plano com alternativas suficientes para que estes sejam confrontados de maneira positiva, ou seja, mantendo o progresso do *coachee* em direção às suas metas.

O plano de ação inicial idealizado pelo *coachee* deve ser considerado o plano A. O plano A é geralmente o mais ideal, mas considerando que cada obstáculo faz o *coachee* reavaliar suas opções, talvez o plano A não se torne uma das opções viáveis. Neste caso, o *coachee* precisa estar preparado com o seu plano B e, possivelmente, com seu plano C. O papel do *coach* aqui é fazer um *brainstorming* com o *coachee* para criar um leque de alternativas para os vários obstáculos que possam surgir.

Obstáculos iniciais

Antes de abordar os obstáculos inerentes ao processo de desenvolvimento, é preciso que se mencione barreiras que possam dificultar o início do processo. Elas são, geralmente, barreiras logísticas que, se não forem consideradas, podem gerar a falsa impressão de que o *coachee* está resistindo ao processo, quando na verdade ele não está sabendo planejar como inserir as tarefas de *coaching* no seu dia-a-dia.

Converse com ele sobre alguns destes fatores de base, como:

- **tempo:** o que ele pretende fazer para inserir as atividades de *coaching* durante no seu dia-a-dia sem deixar de lado as tarefas que já tomam o seu tempo?;
- **apoio:** o que pode ser estabelecido para que o *coachee* sinta que vai ter apoio durante o processo de aprendizado?;
- **recursos:** o *coachee* precisa de algum recurso externo – livros, treinamentos etc., para estar mais pronto para começar?.

Quaisquer aspectos devem ser considerados, para evitar que a logística interfira com o início das atividades e para não gerar desculpas do tipo *"Eu gostaria, mas não tenho condições neste momento"*, que é um golpe fatal para o desenvolvimento de qualquer profissional.

Obstáculos internos

Outra camada de obstáculos comum é a de obstáculos internos. Todo processo de aprendizado traz à tona vulnerabilidades, medos, dúvidas, que naturalmente são os causadores de resistência da parte do *coachee*. Outro fator a ser considerado é o desejo de ter resultados rápidos. Quando a resolução não ocorre tão facilmente quanto o esperado, é possível que surjam sentimentos de desânimo, onde o *coachee* questiona a si, questiona o *coach* e questiona o processo. Um dos possíveis motivadores neste momento é relembrá-lo de suas metas, o que o ajuda a voltar para o seu foco. Se ele desistir do seu plano de ação, ele vai reforçar internamente a idéia de que não é possível se desenvolver.

Existe uma forte tentação, neste momento de resistência e insegurança do *coachee*, para que o *coach*, tentando retomar o foco do processo, comece a dar conselhos ou a sugerir soluções rápidas. Quando alguém está em estado de resistência, ele possivelmente vai resistir a qualquer solução sugerida por outro. A melhor alternativa é o *coach* permanecer no seu papel e usar esta oportunidade para aprender mais sobre o seu *coachee*. Quando se fala sobre ou se experimenta obstáculos, gera-se estresse e observa-se o *coachee* em estado de tensão. Este momento é valioso para que se observe o modelo mental dele. O *coach* que tenta aconselhar e tirar o *coachee* deste estado perde a oportunidade de observar e de coletar dados importantíssimos.

Modelo mental

É o padrão de racionalização do indivíduo, que se demonstra na maneira que a pessoa pensa, nas palavras que ela usa, nas crenças que ela carrega, que influenciam as suas ações. Os maiores obstáculos na vida do ser humano são frutos de seu modelo mental – da maneira que ele percebe e analisa a realidade. Esta percepção da realidade pode ser totalmente incongruente com os fatos, mas uma vez que a pessoa acredita nela, ela age como se fosse a verdade absoluta.

O modelo mental representa o filtro que usamos para enxergar a vida. Como a vida é constituída por uma infinidade de elementos, qualquer filtro que usarmos para descrever a realidade vai ser parcialmente verdadeiro, pois todo filtro ilumina apenas uma parte dos fatos, apagando as outras. A pessoa com o modelo mental de pessimismo vai conseguir ver inadequações mesmo em momentos de vitória. A pessoa com modelo mental de otimismo vai conseguir ver progresso mesmo em momentos de derrota. Os fatos da vida são os mesmos para todas as pessoas, o que nos difere é o modelo mental que usamos para analisá-los.

O *coach* que observar o seu *coachee* no momento de confronto de obstáculos vai notar algumas das expressões ou dos pensamentos recorrentes que demonstram como funciona o modelo mental dele. Isto é de fundamental importância, pois a capacidade de questionar este modelo mental será um dos fatores mais poderosos para ajudar o *coachee* a perceber se a maneira que ele pensa está construindo uma escada para o alto ou está cavando a sua própria cova.

O modelo mental se torna um fator tão influente nas ações da pessoa que, uma vez que este seja detectado, é quase previsível saber como alguém vai agir. Isto porque, como o próprio Chris Argyris (de Harvard) definiu, "*as pessoas podem não ser congruentes com o que elas dizem, mas são sempre congruentes com o seu modelo mental*".

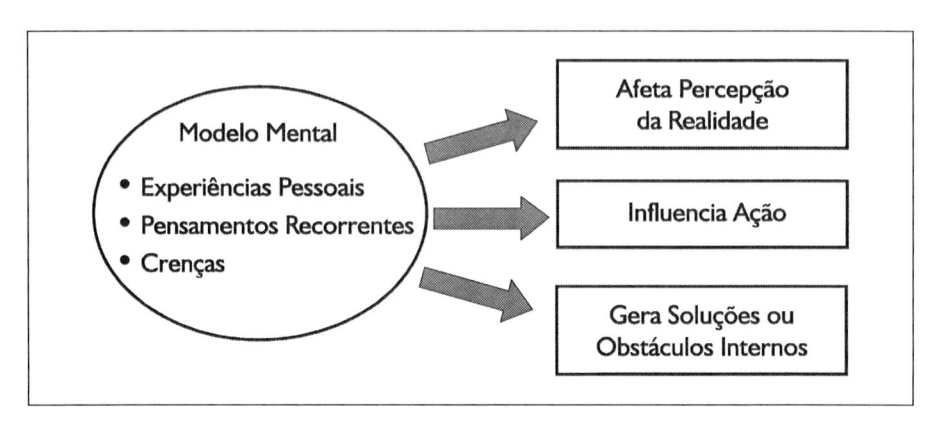

```
┌─────────────────────────────────────────────────────────┐
│                                      ┌─────────────────┐│
│                                      │  Afeta Percepção││
│         ╱─────────────╲      ➤       │   da Realidade  ││
│        ╱ Modelo Mental ╲             └─────────────────┘│
│       │                 │                               │
│       │• Experiências   │            ┌─────────────────┐│
│       │   Pessoais      │    ➤       │  Influencia Ação││
│       │• Pensamentos    │            └─────────────────┘│
│       │   Recorrentes   │                               │
│       │• Crenças        │            ┌─────────────────┐│
│        ╲               ╱     ➤       │ Gera Soluções ou││
│         ╲─────────────╱              │Obstáculos Internos│
│                                      └─────────────────┘│
└─────────────────────────────────────────────────────────┘
```

Escada da inferência – dados e conclusão

Uma das ferramentas criadas por Chris Argyris é a escada da inferência, onde o objetivo é ajudar a pessoa a perceber o seu próprio modelo mental. O mais importante neste conceito é o padrão de questionamento do *coach*. Aqui ele questiona o *coachee* em alguns níveis.

1) Começa-se questionando a ação do *coachee*, para se descobrir sobre qual conclusão esta se baseou.

2) Questiona-se a conclusão para se chegar às possíveis suposições que geraram esta conclusão.

3) Investigam-se estas suposições para se chegar aos fatos que o *coachee* observou.

4) Finalmente, questionam-se os fatos que ele observou, pois estes são considerados dados selecionados – ou seja, são alguns dos fatos que ele selecionou dentre um conjunto muito maior, nomeado de fatos disponíveis.

Este questionamento ajuda o *coachee* a evitar o que se chama de *leap of abstraction* (salto de abstração), onde a mente faz uma associação rápida baseada em um ou mais fatos que observamos de alguém, em cima do qual supomos algo, tiramos uma conclusão e decidimos ter uma ação. Este padrão é tão veloz que não percebemos que nossa ação e nosso processo decisório foi todo baseado em uma percepção limitada da realidade. A capacidade de refletir sobre esta dinâmica ajuda o *coachee* a ver o seu processo de pensamento em velocidade mais lenta, para que ele mesmo possa perceber se as suas conclusões estão sendo congruentes com os fatos completos ou apenas uma percepção deles.

Em um mundo onde as pessoas se orgulham em serem realistas, não existe nada mais realista do que um processo decisório baseado em evidências reais e não em interpretações ou achismos. Um processo realmente factual economiza tempo e energia mental e emocional, tanto do *coachee* quando da equipe, já que o grupo é influenciado pelas ações geradas pelo modelo mental do indivíduo.

Capítulo Dez:
FEEDBACK

*"O princípio mais profundo na natureza humana
é o desejo de ser apreciado."*
William James

- **Bronca Inefetiva**
- **Permissividade Inefetiva**
- **Preparação Interna**
- **Significância**
- ***Feedback* Inefetivo**
- ***Feedback* e Assédio Moral**
- **O Gestor Representa o Sistema**
- **Certo ou Errado**
- ***Feedback* Efetivo**
- **Não se Esqueça do *Feedback* Positivo!**
- ***Just-in-Time***

FEEDBACK

Hargove menciona estudos que mostram que um *coachee* que tem metas definidas de performance ou de comportamento e recebe *feedback* constante tem aumento de resultados de 125%.

É lastimável que o *feedback* seja uma das ferramentas mais mal entendidas do mundo empresarial. Uma história comum das empresas acontece quando os gestores recebem as diretrizes de dar *feedback* para a sua equipe, mas não recebem muito treinamento de como fazê-lo eficientemente. Alguns reclamam que, no máximo, participaram de alguma palestra onde alguém realçava a importância de dar *feedback*, onde se falava muito do "por que" e pouco do "como".

Bronca inefetiva

O resultado disto é que se criou uma cultura sobre o *feedback*, em que este é visto como motivo de piadas, pois acabou sendo associado com bronca, crítica ou reclamação. *"Chame já a pessoa que cometeu este erro para eu dar um* feedback *nela!"*, *"O chefe está procurando você para dar um* feedback *sobre a besteira que você fez ontem..."*

Eventualmente, ouve-se que o conceito de *feedback* não funciona, quando na verdade o que não funciona é maquiar as broncas com o nome de *feedback*, pois continua sendo bronca. *Feedback* é um processo totalmente diferente que, quando utilizado com maestria, gera aprendizado, respeito, crescimento e melhoria.

Vejamos o que difere um do outro. Bronca gera constrangimento em quem recebe e tem o resultado de aliviar a frustração ou raiva da pessoa que dá a bronca. Gera sensação de culpa em quem fez o erro, o que leva à vitimização e ao senso de impotência (do tipo *"eu sou uma droga mesmo, não faço nada certo"*). Pode também gerar raiva e, se a pessoa que recebe a bronca discordar e se achar injustiçada, possível quebra de lealdade.

As pessoas que alegam que a bronca funciona não percebem que o único lado positivo da bronca é trazer a pessoa de volta para o foco, através do choque. Mas mesmo assim, podemos dizer que existem outras maneiras de voltar ao foco. Quanto mais alta for a maturidade profissional de alguém, pior será a reação desta pessoa à bronca, pois ela vai sentir-se desrespeitada. A bronca geralmente é dramática e muitas vezes não gera nenhuma solução nova, apenas demonstra o quanto alguém está frustrado ou bravo ou mesmo descontrolado.

Permissividade inefetiva

O oposto da bronca, também inefetivo, é o gestor que vê as situações inadequadas acontecerem, mas não intervém, por dois motivos. O primeiro se refere àquela pessoa que espera que os outros sejam maduros o suficiente para se resolver por si mesmos. O segundo se refere ao gestor que, por medo de lidar com situações tensas, evita falar de assuntos tão diretos como é o caso do *feedback*, por exemplo, esperando que a mudança ocorra magicamente sem que ele precise interferir. Estas expectativas acabam perpetuando o problema, pois é irreal esperar que qualquer sistema mude sem ter algum estímulo externo diferente.

O poder do hábito é tão grande que, mesmo fazendo algo que não está sendo eficiente, o ser humano continua repetindo a mesma ação. Ele não faz isto por causa do seu "sabotador" ou por que é menos inteligente, mas simplesmente porque os hábitos são automáticos e, como tudo que é automático, primeiro fazemos a ação e depois observamos o que fizemos tão automaticamente que nem percebemos. Assim, precisamos de uma intervenção externa, de alguém que nos ajude a enxergar o que não conseguimos ver por nós, pois estamos tão acostumados a fazer algo da mesma maneira que já o fazemos sem pensar.

É como dirigir – você se lembra de quantas vezes mudou a marcha do seu carro no caminho de casa para o trabalho? Ou você conseguiria descrever de que maneira você muda de marcha? Provavelmente se alguém fizer esta observação e comentá-la com você, a sua atenção vai ficar mais alerta da próxima vez que você dirigir. Este é o famoso momento, muito comum em *coaching*, do *"eu faço isto mesmo e nem notava..."* O gestor que, com a justificativa de ser democrático, não intervém quando observa performance ou ação ineficiente não está agindo como líder e, na sua passividade, está privando o seu liderado do direito de melhorar e de aprender.

Preparação interna

O líder-*coach* tem a capacidade de ser assertivo e ao mesmo tempo respeitoso em seu *feedback*, já que ele não está julgando a pessoa, mas intervindo em relação à sua ação. É importante que o líder saiba por que está oferecendo *feedback*, para ter condição interna de confrontar a resistência natural que existe em se dar *feedback*, uma vez que, socialmente, é algo que fomos ensinados a evitar.

Antes de se dar *feedback* é preciso que a pessoa saiba qual o motivo por trás deste. Dar *feedback* é a capacidade informar algo que ajude o outro a perceber o que funciona e o que não funciona nas suas ações.

O *feedback* efetivo evita o "fenômeno da cegueira", elaborado pelo lingüista chileno Fernando Flores que é o processo onde a pessoa vê as ações do outro que causaram resultados negativos, mas não consegue perceber a sua própria participação nestes mesmos resultados. Também colabora com o que Jeffrey Auerbach, PhD, denomina de percepção de *blindspots* (ponto cego), e, sugere que, uma vez que o *coachee* se torne consciente de seu estilo e seus hábitos, este pode criar um plano de desenvolvimento para ajudar a si mesmo a gerar a melhoria comportamental necessária.

Em seu conceito original, *feedback* é um ato de generosidade, como se alguém dissesse *"eu tenho informações que podem ajudar você a se dar melhor aqui na empresa"*.

O *feedback* é o lado virtuoso do conceito do *insider trading*, ou seja, alguém de dentro dando informações privilegiadas. Assim, o *feedback* não deve ser visto pelos gestores como "mais uma função" dentre as várias que eles já executam, mas como uma mensagem. Cada *feedback* oferecido com respeito se torna um meio de dizer ao *coachee*: eu lhe apóio e me interesso pelo seu crescimento. Torna-se um presente!

Lembre-se sempre da essência deste conceito: **Feedback é uma conversa de aprendizado**.

Significância

Um fator fundamental é o da significância da pessoa na empresa. Noel Tichy postula que líderes que estão "muito ocupados proclamando sua própria importância" são líderes ruins, pois não percebem o quanto a sua equipe se energiza quando o seu valor é reconhecido. O *feedback* positivo é uma das maneiras de ajudar as pessoas a sentirem o quanto são necessárias e o quanto têm um papel importante nos resultados obtidos, além de ajudar também no *team building* (construção de espírito de equipe). A pessoa que se sente percebida acaba tornando-se uma fonte de energia positiva e de dinamismo, pois talvez seja a sua maneira de mostrar a sua gratidão. O oposto ocorre para aquele que se sente ignorada.

Muitos líderes tem a questão "como é possível motivar a equipe?". Resposta: tendo a capacidade de reconhecer o que eles fazem e de compartilhar méritos.

Feedback inefetivo

O *feedback* efetivo é uma das ferramentas mais poderosas para se criar equipes que aprendem, o que contribui para a criação de alta performance.

O *feedback* inefetivo torna-se motivo de piada e gera cinismo e desconfiança.

Algumas características do *feedback* inefetivo:

- é vago;
- tem como alvo a pessoa em vez da ação;
- é baseado em achismo;
- não gera espaço para diálogo;
- é colocado como se fosse a verdade absoluta.

Para o gestor que se sente obrigado a dar *feedback*, sem entender o sentido por trás deste conceito, ele acaba tendo piores resultados do que se ficasse em silêncio. Um caso comum que ouço os *coachees* reclamarem é quando o gestor oferece o que eu chamo de "*feedback*-fofoca".

Imagine-se sentado totalmente concentrado na leitura de um relatório, quando passa alguém pela sua mesa e fala: *"Andam dizendo por aí que você tem sido chato com as pessoas... veja lá, hein..."*. Antes de você ter tempo de levantar a cabeça, a pessoa já sumiu e você se questiona se ouviu coisas ou se algum fantasma está assombrando o escritório. Para o gestor, que fez o comentário de passagem, a sua tarefa está feita, ele acha que já deu o *feedback* do dia. Se por algum motivo o seu *coachee* não melhorar, ninguém pode dizer que ele não avisou...

Por que este *feedback* é inefetivo? Porque não gera aprendizado. No máximo gera confusão, pois "andam dizendo" não especifica o que aconteceu. A segunda parte, "você tem sido chato", tem a pessoa como alvo e gera apenas a sensação de estar sendo julgado e rotulado. Além disto, "chato" não especifica qual comportamento precisa ser revisto. Conclusão: nada de aprendizado, no máximo o que pode ocorrer é a pessoa se ressentir e querer saber quem está fofocando sobre ela.

Feedback e assédio moral

Ultimamente tem-se comentado cada vez mais sobre o conceito de assédio moral, que representa uma preocupação em se evitar que os gestores façam comentários que humilhem as pessoas. Como todo conceito em fase inicial, é possível que se faça um pouco de confusão em relação à definição de que tipo de comentário se traduziria em assédio moral, já que o mesmo comentário pode gerar níveis de desconforto diferentes dependendo das pessoas. A confusão é criada quando temos alguém em um dos dois extremos.

Em um extremo temos o chefe que alega que ele sempre falou assim, que o problema reside no funcionário, que não agüenta nada. Neste caso o chefe não está querendo conscientizar-se do estrago que causa com suas palavras. Em outro extremo, temos a possibilidade do funcionário que, devido a vários fatores e à sua própria história de vida, pode interpretar qualquer comentário mais objetivo como algo humilhante, pois já tem a tendência de interpretar os fatos pessoalmente.

O que o gestor faz para criar interação efetiva e minimizar as interpretações errôneas? A regra básica é fazer o possível para se lembrar do porquê do *feedback*. O objetivo não é humilhar, culpar ou fazer do outro um vilão, e sim **gerar aprendizado**. Além disto, lembre-se de que o *feedback* nada mais é do que uma informação privilegiada, ou seja, o gestor, que representa a empresa, vai contribuir para que o *coachee* analise o seu ato em função de um resultado desejado. Não existe "verdade absoluta" quando se dá um *feedback*, pois o mesmo ato pode ter sido muito útil em situações de outrora, mas pode ser ineficiente no presente em relação ao novo resultado que se deseja alcançar.

Pense nas pessoas com quem você trabalhou e observe quantas delas se sentem pessoalmente ofendidas com qualquer tipo de comentário que não seja um elogio? Neste momento, muitos gestores devem estar levando as mãos para os céus, dizendo *"Eu sabia! O problema não era eu, era aquele idiota, pois ele não aceitava críticas de ninguém!"*

MAS... antes que você gestor lave as mãos, lembre-se de que tudo é aprendizado, mesmo para você. A questão então se torna: "Como dar *feedback* para alguém que não está aberto para ouvir críticas? Será que existe um jeito para isso? Sim, existe. Pode não ser uma solução mágica e imediata, mas existe a solução baseada em criar um processo de *feedback* efetivo e com respeito que, com o tempo, a pessoa vai ficando mais aberta a receber. Você já deve ter conhecido casos de "pessoas difíceis", mas que tinham alguém que elas escutavam. Qual era o segredo desta pessoa que se fazia escutar? Será que ela tinha algum segredo ou tinha apenas um interesse genuíno de ajudar, enquanto os outros apenas criticavam?

O tema de assédio moral demonstra dois fatores interessantes. O primeiro é que existe uma conscientização global das pessoas em relação a como gostariam de ser tratadas e, talvez pela primeira vez na história do trabalho, estas pessoas sentem que podem reivindicar um mínimo de dignidade e respeito de seus gestores. Isto é um sinal de evolução da raça humana. O segundo é que o termo assédio moral teve que ser criado para que, em pleno século XXI, as pessoas sejam relembradas que não se deve maltratar ou humilhar os outros. Infelizmente, notamos muitas vezes que os conselhos maternos aos filhos de três anos de idade, *"Seja bonzinho com os outros, senão eles não vão querer brincar com você"*, ainda não foram internalizados.

O gestor representa o sistema

Anteriormente, mencionei o conceito de que não existe fracasso, apenas *feedback*. Este é um dos conceitos mais poderosos para o processo de aprendizado, pois mantém o *coachee* na posição de aprendiz quando a sua tentativa não der certo. Só assim ele vai poder analisar o que precisa ser reajustado antes de fazer novamente.

Para as pessoas que tem dificuldade em entender este conceito, eu sugiro que pensem no sistema como alguém que lhes dá dicas sobre as suas ações. Por exemplo, a pessoa que quer emagrecer, mas, devido à sua escolha de comida, ganha peso, não fracassou. Apenas recebeu um *feedback* do sistema (neste caso, o seu corpo) que a sua escolha deve ser repensada.

O gestor que oferece *feedback* efetivo se torna o representante do sistema. Na situação acima, é como se o seu corpo tivesse um porta-voz que lhe avisasse, após suas escolhas ou ações, se estas contribuem para o seu objetivo. Com o gestor, o *coachee* tem o privilégio de receber as informações em tempo real, ajudando-o a fazer os ajustes necessários de forma acelerada.

Certo ou errado

Outra dica importante, tanto para o *coach* como para o *coachee*, é que se lembrem de relativizar o conceito de certo ou errado. No mundo do aprendizado acelerado, a idéia de ter feito algo errado é substituída pelo conceito de ter feito algo que não gerou o resultado desejado. Porque isto? Por que o conceito de erro leva à culpa e a pessoa acaba personalizando o erro, sente-se frustrada, incompetente etc. Cria-se uma cadeia de reações emocionais que em nada ajuda o processo, apenas contribui para distrair e atrasar o progresso. Outro motivo é que a mesma ação que hoje é considerada um erro pode ter sido acertada ontem, quando usada em outra circunstância. Por exemplo: a agressividade que gera constrangimento em uma reunião de diretoria pode ter sido altamente eficiente em outras circunstâncias onde a pessoa precisava defender-se de ataques externos. Outro exemplo: a capacidade de debate constante pode ser fatal em uma reunião para gerar soluções criativas, mas pode ter sido vital para reuniões de negociação.

A mensagem implícita do *feedback* nunca deve ser "você errou" e sim "o que você fez funcionou (ou não funcionou) de acordo com tal objetivo". O *coach* tem a função de facilitar ajustes e aprendizado, não culpa ou desânimo. No caso de o *coachee* esquecer que está aprendendo e se culpar por não conseguir resultados imediatos, relembre-o de que ele não errou, apenas aprendeu.

Feedback eficaz

M.A.R.C.A.

Vamos ao ponto-chave. Como se dá um *feedback* eficaz? Primeiro considera-se o efeito intercalado, ou seja, todo *feedback* começa com o positivo e termina com o positivo. Existem dois tipos de *feedback*:

- *feedback* construtivo negativo;
- *feedback* construtivo positivo.

O *feedback* construtivo negativo refere-se a situações onde a ação do *coachee* não gerou o resultado que ele queria. Negativo aqui representa não o valor da ação, mas a direção contrária (ou neutra) em relação à meta final. Este *feedback* é um comentário (conhecido como crítica construtiva) sobre alguma ação ou comportamento que não funcionou.

Considerando que ninguém é de ferro, é comum esperar que comentários negativos gerem tensão, por mais que a pessoa se lembre do contexto do *coaching*. É irreal e ineficiente esperar que o ser humano consiga ser imparcial e nunca se deixar abalar ao ouvir comentários sobre o que ele fez que não deu certo. O melhor é sair deste mundo de fantasia e deixar de esperar que o meu *coachee* tenha a capacidade emocional sobre-humana e nervos de aço.

Respeitando esta realidade do funcionamento humano e lembrando que o objetivo do *coach* é gerar aprendizado e desenvolvimento, todo *feedback* deve ser dado como um sanduíche, onde o negativo é ladeado de positivos.

POSITIVO – POSITIVO – CRÍTICA – POSITIVO

Primeiro positivo

O primeiro positivo refere-se a reconhecer o talento ou a qualidade que o seu *coachee* tem. Esta apreciação positiva tem algumas funções. A primeira é de diminuir o senso de vergonha, o que é um fator importante, pois muito provavelmente o histórico de vida do *coachee* está repleto de exemplos onde ele recebeu críticas duras e foi julgado como pessoa por atos que não deram certo. Por isto as pessoas super-reagem às críticas, quase como alguém que tem estresse pós-traumático depois de ter sofrido um ato de violência e, certamente, muitas das críticas que receberam no passado foram tão desrespeitosas que se assemelham a atos de violência.

A segunda função da apreciação positiva é demonstrar ao *coachee* que o *feedback* a ser dado não representa uma mensagem negativa sobre a sua pessoa. Como o ser humano tem o hábito de personalizar críticas (personalizar tem o sentido de adotar a crítica como se esta representasse a totalidade de sua pessoa, como se naquele momento não existissem outras qualidades ou talentos), então torna-se fundamental que um elogio ou reconhecimento seja colocado no início da conversa, pois é como se dissesse ao *coachee*: não é a sua pessoa como um todo que está sendo criticada; o fato de fazer algo que não está funcionando bem não apaga o que você tem de bom.

Para ser efetivo, considerando o funcionamento do ser humano, é mais produtivo que se comece com algum elogio: "Você é um grande negociador e eu gostaria de dizer que..."; "A sua capacidade de venda é sensacional"; "A sua praticidade é uma vantagem para a nossa equipe".

> **Curiosidade**
>
> *Por que nos importamos com o senso de vergonha? O que o líder tem a ver com o quanto o seu coachee se sente envergonhado? Tudo depende do objetivo do líder. Se o objetivo é gerar aprendizado e ajudar o coachee a aprender mais rapidamente, então é preciso considerar o impacto de algumas emoções para que estas não interfiram no processo. Alguns acadêmicos da Psicologia consideram a vergonha uma das **emoções-mestre**, ou seja, ela é responsável por vários processos internos e por outras emoções secundá-*

> *rias que são geradas sistemicamente quando a vergonha é ativada. Esta emoção está relacionada com a sensação de se sentir inadequado, ou se sentir inferior. É como se fosse um sinal emocional acusando que a pessoa não é "normal", ou seja, está abaixo da média. A pessoa que tem esta sensação tem algumas possibilidades de reação. Algumas sentem-se desanimadas, aceitando a conclusão interna de inadequação ("Eu sou uma droga mesmo, não faço nada direito"); outras reagem defensivamente, discutindo e tentando minar a crítica que ouviram, querendo provar que ela está certa e o outro está errado; a outra possibilidade, mais rara, é a pessoa que, para sair do estado de vergonha, tenta consertar o mais rápido possível. A vergonha é uma emoção tão séria que afeta todos os relacionamentos profissionais e, dependendo da cultura em que se atua, ela é levada aos limites extremos, pois para alguns a vergonha demonstra perda de honra. Por estas razões o que tinha a intenção de ser apenas um comentário inocente às vezes é recebido de forma dramática, pois o outro personalizou o que foi dito, como se fosse um insulto à sua pessoa e à sua honra.*

Segundo positivo

O segundo positivo representa o reconhecimento pela intenção positiva do *coachee*. O conceito de intenção positiva é importante neste momento e representa a capacidade de o *coach* perceber que atrás de toda ação (ou reação), por mais ineficiente que ela seja, existe uma intenção positiva. Na pressa de querer resolver logo as coisas, não temos o hábito de refletir sobre qual a possível intenção positiva do outro, principalmente quando reprovamos o seu comportamento. Ficamos tão focados no que aparentemente foi feito, que não damos valor à intenção em si.

Com este pano de fundo, facilmente o gestor irá reclamar e apontar o negativo, considerando apenas o erro, enquanto o *coachee* possivelmente se sentirá injustiçado, pois pode pensar que "ninguém percebe que ele estava tentando fazer o certo"; ou poderá sentir-se desanimado, pois talvez pense que mesmo quando tenta acertar acaba errando. Nenhuma destas duas sensações será benéfica, pois a emoção criada de injustiça ou insegurança não gera motivação.

Quero deixar bem claro que a intenção positiva não significa deixar de lado o fato de que o comportamento ou a ação em si pode ter sido negativa. Não significa fazer de conta que está tudo bem, quando não está. É preciso quebrar o mito de que o líder de hoje não deve confrontar o seu subordinado, com medo de que este se sinta mal, o que pode afetar a sua opinião sobre o seu gestor nas pesquisas de satisfação da empresa. Não confrontar é tão ineficaz do que confrontar de forma ameaçadora, pois nenhum dos dois traz resultados de crescimento e desenvolvimento no longo prazo.

Assim, a intenção positiva significa apenas ter em mente que, mesmo que a maneira que a pessoa se expressou foi improdutiva, a intenção por trás desta expressão foi positiva. Como sabemos qual a intenção da pessoa? A maneira mais fácil é perguntar diretamente o que ela pretendia ao fazer o que fez, qual o resultado estava procurando obter.

Outra maneira de avaliar a intenção é perceber que toda ação é uma possível tentativa de defender os próprios valores, aquilo que a pessoa acredita ser o melhor. Pode ser também um modo de demonstrar que está tentando defender-se de alguma perda. Já ouvi alguém dizer que toda expressão é uma declaração de amor ou um pedido de ajuda. No mundo profissional, isto pode ser traduzido na idéia de que toda ação é uma maneira de ir atrás do que a pessoa considera ser o melhor ou uma maneira de se defender do que ela considera ser um ataque que pode levar a possíveis perdas.

Todos querem acertar

Lembre-se de que as pessoas não saem de casa de manhã planejando fracassar. No fundo, todos temos o sonho de dar certo no que fazemos, de prosperar, de crescer. O problema é que, por falta de treinamento e desenvolvimento específico, a maneira pela qual alguns se expressam ou interagem não é aceitável pelos outros e, assim, acabam passando a imagem de serem difíceis ou até mal-intencionadas. Isto é muito comum em casos onde a pessoa ainda não se adaptou à cultura da empresa, o que pode gerar interpretações de que a sua conduta é oposta do esperado e os outros começam a fantasiar que esta pessoa está indo contra a equipe.

Já vi o caso de um executivo que tinha um alto grau de assertividade e pensava como um empresário, sempre querendo ver os melhores resultados para a empresa. Apesar disso, tinha problemas constantes com o resto da equipe, pois a cultura já estabelecida da empresa era mais *soft* e mais voltada a ter reuniões diplomáticas entre os gestores. O executivo considerava este processo muito lento e ineficiente, pois atrasava a implantação de ações que ele considerava urgentes. Mesmo sendo admirado pela sua eficiência, a sua rapidez e assertividade assustavam a cultura vigente e, gradualmente, ele começava a ser tratado como uma ameaça interna. Este potencial enorme que este executivo trazia só não foi perdido porque o seu gestor aprendeu a perceber a intenção positiva nas suas ações e, em vez de puni-lo, ajudou o seu desenvolvimento. Com o tempo o executivo conseguiu mediar a sua forma de se expressar, entendendo que a reação dos outros também era resultado da intenção positiva deles de defender a cultura na qual eles acreditavam, tal e qual ele defendia a sua.

Quando avaliamos os resultados finais de um projeto, o que interessa é o que foi feito e o quanto foi eficiente, ninguém tem interesse de saber quais as intenções. Porém, na posição de líder de uma equipe, responsável pelo desenvolvimento dos integrantes, a intenção positiva é de alta importância, posto que será a base para se dar *feedback* efetivo onde o *coachee* se sinta respeitado. Esta atitude cria aceitação e abertura para que o liderado esteja pronto para o processo de melhorias.

O *coachee* vai ser bem mais receptivo a qualquer comentário do *coach*, se este fizer observações iniciais como: *Eu entendo que você quer o melhor da sua equipe; que você está tentando fazer o melhor possível; que você estava defendendo o que você acredita; que você está querendo atingir os resultados da maneira que você acha certo etc.*

A crítica

Este é o momento da crítica em si, que deve ter o foco em mencionar o ato que precisa ser melhorado e pedir alternativas ou oferecer alguma sugestão para o *coachee*.

Para que o *feedback* seja ainda mais eficiente no seu objetivo de gerar aprendizado, deve conter alguns elementos essenciais apresentados de forma estruturada. Após ajustar os modelos existentes no mercado, para atender às necessidades práticas nas aplicações de *feedback*, elaborei um modelo que denomino M.A.R.C.A.

O *feedback* M.A.R.C.A inclui os elementos que tornam o *feedback* uma ferramenta que gera aprendizado de forma efetiva. Os elementos são:

M – Momento

Quando for apresentar o *feedback* ao *coachee*, especifique o momento do qual você está falando. O seu comentário se refere a algo que ele fez hoje, ontem, de manhã, na reunião, durante uma conversa informal etc. Quando aconteceu a ação do *coachee*? Importante: mesmo que você esteja fazendo um comentário sobre um padrão de comportamento recorrente (lembrando que um padrão é algo que acontece no mínimo três vezes) é preciso especificar um destes momentos, para que o *coachee* consiga ter memória exata do que aconteceu.

A – Ação

Seja específico em relação à ação ou ao comportamento que o *coachee* teve, ou seja, descreva o fato em si, e não a sua interpretação sobre ele. O que foi exatamente que o *coachee* fez? Evitar interpretações e no lugar delas falar da ação. Por exemplo: *"Você foi rude"* – interpretação. Substituir por *"Observei que o seu tom de voz e os seus gestos..."* – ação.

R – Reação

Descreva qual reação causada nos outros ou em você como resultado da ação do *coachee*. Muitas vezes o *coachee* continua mantendo a mesma ação inefetiva porque não percebe o impacto que está causando nos outros. Assim, o *coach* como observador externo pode ser muito útil. Novamente, evite interpretar, apenas aponte os fatos observados. Como os outros reagem? Qual o comportamento não-verbal deles (cruzam os braços, levantam-se da mesa etc.)? Quais comentários eles fazem?

C – Conseqüência

Muito importante lembrar de incluir este item como parte da estrutura básica do *feedback*: a conseqüência para o *coachee*. Se as pessoas reagem de forma negativa ou resistente à ação que ele tem, e se isto é um padrão, quais serão as conseqüências para as metas, os projetos e até a carreira dele? Essa associação parece óbvia para ele? Em *coaching*, parta do princípio que **o óbvio não existe**, pois raramente um ser humano tem a imparcialidade ou o tempo disponível de refletir sobre a sua interação com as pessoas com quem convive.

A – Alternativa

No caso de um *feedback* sobre algo que não funcionou, este passo é o alvo final. O *feedback* todo existe para que se chegue neste momento, onde possíveis alternativas são geradas para que o *coachee* teste novas ações procurando ter resultados mais efetivos. Falou-se de uma ação que não deu certo e agora se fala de possíveis ações alternativas. O que o *coachee* pretende fazer de diferente? Que outra ação, abordagem, comportamento ele poderia ter em vez do que já tentou?

Positivo final

O último positivo refere-se à intenção do *coach*, que ao mesmo tempo é também o benefício do *coachee*. Antes de oferecer *feedback*, pergunte-se por que você o está fazendo, qual a sua intenção, que melhoria pode ser gerada com o seu comentário.

Lembre-se do WIIFM (*what's in it for me*), as pessoas tornam-se mais abertas e receptivas ao que você tem a oferecer se você as relembra qual o benefício que elas podem ter. Por que este passo é tão importante? Porque todos nós seres humanos carregamos conosco a bagagem de nossa história, que contém muitos momentos onde outras figuras de autoridade ou amigos fizeram comentários que foram maldosos, humilharam, criticaram, manipularam ou que não tinham o nosso bem-estar como objetivo. Portanto é esperado que as pessoas tenham uma certa hesitação em receber *feedback*, antes que se acostumem com a idéia de que o gestor tem intenções verdadeiramente positivas.

Termine o *feedback* indicando o que pode melhorar para o *coachee* com esta observação que você fez: *acredito que isto possa ajudar você a negociar melhor ainda / a vender melhor ainda / a desenvolver ainda mais a sua liderança / a ter uma performance ainda melhor / a se tornar imbatível...*

Observe que estes possíveis benefícios motivam o seu *coachee*, pois toda pessoa se interessa em crescimento e desenvolvimento, faz parte da natureza humana. Uma vez que a sua intenção e benefício é anunciada, tudo o que foi dito vai ser recebido dentro deste contexto positivo.

O *feedback* M.A.R.C.A. funciona muito efetivamente, pois cria um espaço mental para se falar de ajustes, sem gerar emoções de desperdício.

Não se esqueça do *feedback* positivo!

Lembre-se de que *feedback* se oferece não apenas quando algo não funcionou, mas também quando algo deu certo. A única diferença no *feedback* positivo é que não se precisa criar o sanduíche, pois vai-se falar de algo mais agradável. Usa-se o processo do *feedback* em si – o momento da ação, o que foi feito que funcionou, como as pessoas reagiram e quais conseqüências positivas isto pode ter para o *coachee*. O único item do *feedback* M.A.R.C.A. que pode se omitir é o último (o A final, de Alternativa), pois não é necessário gerar alternativas de ação.

Há gestores que questionam o porquê do *feedback* positivo, se a pessoa fez algo que já deu certo. O objetivo, neste caso, também é gerar aprendizado. É fazer a pessoa pensar no que ela fez que funcionou, para que ela tenha consciência da ação específica que deu certo. Isto evita que ela passe pela frustração de saber que conseguiu no passado, mas não se lembra como. Momentos de sucesso também são momentos de aprendizado. É comum ouvir as pessoas dizerem *"Sei lá como eu consegui, o que interessa é que deu certo!"*. Na euforia da vitória, elas não querem avaliar o evento e perdem uma grande oportunidade de replicar o que funcionou tão bem.

Ken Blanchard sugere que o gestor "pegue a pessoa (em flagrante) fazendo algo certo" e este conceito é revisto por Thomas Crane, que sugere que o gestor evite o conceito de certo ou errado e use, ao invés disto, a idéia de "pegar a pessoa fazendo algo bem (ou melhor do que antes)". Eu pessoalmente concordo com o ponto de vista de Crane, pois aprendizado é gerado mais eficientemente quando se reconhece o progresso, mesmo que o resultado ainda não seja perfeito.

Outro motivo importantíssimo que não pode ser esquecido é o fator multiplicação. Todo *feedback* positivo incentiva a tendência de repetir a mesma ação. Estudos de comportamento humano demonstram que a melhor maneira de se perpetuar um comportamento que está funcionando é reconhecê-lo (muito diferente da idéia antiga de que "a pessoa já sabe que fez bem, não preciso dizer nada"). Assim, o *feedback* positivo exerce a função de ajudar a manter e multiplicar o que está funcionando.

Just-in-Time

Todo incidente que ocorre, de erro ou de acerto, é um momento de *coaching*. O *coach* que deixa este momento passar perde a oportunidade de gerar algum aprendizado ou melhoria. O ideal é que o *feedback* seja *just-in-time*, o mais rapidamente possível após o evento.

É importante que cada integrante da equipe tenha pelo menos algumas conversas de *feedback* formais durante o ano, mas a grande parte do *feedback* ocorre informalmente. O processo *just-in-time* é mais informal e mais freqüente, sem a necessidade de formulários preenchidos ou reuniões formais com o gestor. São nestes momentos de conversa informal e de troca de idéias de forma desburocratizada que a maior parte do *feedback* efetivo ocorre.

Peter Senge sugere a idéia de que o aprendizado ocorre em tempo real, durante o trabalho, mas também relembra a dificuldade de se aprender em momentos de estresse. Por isto aplica a metáfora do campo de treinamento. Os líderes de hoje devem ter a maleabilidade de criar estes momentos de "campo de treinamento", onde eles oferecem *feedback* e fazem *coaching*, para depois mandar o *coachee* de volta ao "campo de competição", onde eles desempenham as suas tarefas.

Capítulo Onze:
O Líder que Ensina

*"Para aquele que não sabe onde quer ir,
não há vento favorável."*
Seneca

- **Origem e Definição do PVE**
- **O Ciclo de Falta de Ensinamentos**
- **Sucessão**
- **Exemplos de Líderes e seu PVE**

O LÍDER QUE ENSINA

Noel Tichy, um dos responsáveis pela implementação do famoso centro de treinamento da GE (Crotonville) menciona o conceito do TPOV – *Teachable Point of View* (**Ponto de Vista "Ensinável"** – PVE) como um das fatores fundamentais para o líder que faz *coaching* com a sua equipe.

O PVE inclui a idéia ou os valores que o líder tem sobre qual é a força motriz da sua empresa ou da sua equipe. Está relacionado com a capacidade de o líder estabelecer uma missão geral que representa a identidade da empresa ou do seu departamento. Esta missão se torna a base que influencia o nível de interação das pessoas, o parâmetro das decisões que são tomadas e quais competências deverão ser desenvolvidas no *coachee* para que ele se alinhe com esta missão.

Para esta missão eu gosto de usar o termo *ENDS GOALS* (Metas de Fins), que representa a meta de identidade ou de valores que a empresa ou o departamento quer atingir. Por exemplo:

1) a missão ou *ends goals* da FedEX é trazer tranqüilidade mental para os clientes;

2) a missão do *eBay* é democratizar a concorrência, para que o pequeno negociante tenha condições de igual para igual com as grandes empresas;

3) Jeff Bezos alega que o *ends goal* da Amazon é ser "obcecado pelo consumidor", com foco em capacidade de entrega e confiabilidade;

4) o da GE na época do Jack Welch era ser o número 1 ou o número 2 em cada área na qual a empresa atuava.

Estes *ends goals* se tornam a base do *Teachable Point of View/Ponto de Vista Ensinável*, pois o líder vai levar em consideração qual é a missão presente da empresa para avaliar quais as competências mais viáveis para o *coachee* desenvolver, dentre aquelas que este já tinha selecionado.

A tradução desta missão em metas, ações e resultados de negócios é o que eu chamo de MEANS GOALS (Metas do Meio). Os resultados de negócios e as metas práticas estabelecidas para a equipe não são o fim em si, mas marcos que, quando atingidos, levam a equipe para frente, cada vez mais próxima da realização do *end goals*.

Tudo isto é afunilado para as metas individuais de desenvolvimento do *coachee*. As suas metas de competências o levarão a se sentir mais apto e confiante para fazer parte deste processo maior, que é a missão mais abstrata (as metas de fins ou a missão).

Uma vez que ele tenha alinhado a sua escolha de competência com o momento presente da empresa, ele cria uma situação de compatibilidade e de **espiral ascendente**.

A espiral ascendente — alinhamento indivíduo e empresa

A espiral ascendente é o movimento de círculo virtuoso, onde a pessoa mais alinhada com o sistema é privilegiado por este, que a fortalece individualmente e torna o vínculo entre os dois mais forte.

O indivíduo que, com a colaboração do seu *coach*, reconhece a missão presente da empresa e desenvolve as competências que contribuirão, não só ao seu crescimento profissional, mas também para que ele se torne um "atleta" mais valioso para a equipe, naturalmente recebe mais reconhecimento. Ele adquire um know-how, seja técnico, seja comportamental, que o permite ter decisões e ações que avançam a equipe na direção desejada.

A equipe/departamento/empresa logicamente vai "olhar" mais para ele (como no futebol a maioria dos passes é dada para o jogador que apresenta mais condições de fazer o gol), privilegiando-o com projetos e, eventualmente, poder de decisão.

Ele, por sua vez, sente-se mais confiante com o reconhecimento e aumenta o seu nível de excelência, que gera mais reconhecimento do sistema (quantos mais gols, mais o jogador se torna a escolha dos companheiros na hora de novos passes). Esta espiral torna-se um círculo virtuoso, onde o indivíduo e o sistema ganham, pois ambos se beneficiam.

Origem e definição do PVE

O professor Noel Tichy, da University of Michigan Business School, foi um dos pioneiros da formação do que é considerado o maior centro de treinamento empresarial do mundo, a escola de Crotonville, da General Electric. Trabalhando com Jack Welch, eles formaram uma metodologia de trabalho em torno do conceito do *Teachable Point of View* (Ponto de Vista Ensinável), fundamentado no **processo de ensino de valores de liderança**.

O termo ensino usado aqui não tem o propósito de pressupor que os executivos não tenham estes valores, mas o conceito de responsabilizar o líder pela disseminação freqüente destes, para que se tornem parte prática do dia-a-dia das equipes.

O sucesso realizado com esta metodologia prova que os líderes da empresa são os disseminadores de ensinamentos que, uma vez repassados a outros líderes, gera uma cultura alinhada em torno de valores e objetivos comuns.

O *coach* é o líder fazendo papel de professor, ensinando e criando o efeito cascata, onde cada nível hierárquico ensina o próximo, e assim por diante. O sucesso empresarial depende desta capacidade de implantar esta cultura de "*coaching*-como-ensinamento" no que Tichy chama de "DNA da organização".

O que é este ponto de vista ensinável

Ele representa os valores mais importantes nos quais o líder da empresa acredita que conseguirá levá-la ao sucesso. É a linha de funcionamento que a empresa vai usar para ir do ponto A ao ponto B. Representa o melhor que a cultura de uma empresa tem, que a diferencia das outras no mercado, e que se torna a sua vantagem competitiva.

Este processo é análogo a uma família que tem alguns valores-chave como sua marca registrada, que permeiam as atitudes de todos os familiares *("Nós, da família X, nunca damos as costas para quem precisa; Nós, da família Y, somos famosos por sempre achar uma saída")*. Da mesma maneira, o PVE também é usado pelos líderes ineficientes que, intuitivamente, o transmitem às próximas gerações *("Cuidado com a família Z, porque eles não cumprem o que prometem")*.

O líder de uma empresa tem em suas mãos o desafio de alinhar as equipes com a visão e os valores da empresa, e cada pessoa já traz consigo as marcas da cultura de onde veio (seja a cultura da cidade, seja a da família). Se o líder não exercer a sua função de *coach*, vai acabar relegando ao acaso ou a consultores externos a responsabilidade de gerar este alinhamento, quando, na verdade, este é o maior projeto que um líder tem.

Muitas competências específicas também compõem o PVE, pois cada empresa tem o seu próprio modelo de negócios, com competências críticas que precisam ser desenvolvidas. O desenvolvimento de pessoas é uma das metas do PVE, principalmente considerando-se que não se pode mais se dar ao luxo de esperar para que alguém se desenvolva. Modelar o líder já é um modelo desatualizado, pois leva muito tempo, sem garantia do que será modelado. A velocidade exigida pelo mundo de competição leva à geração de processos mais eficientes, e o PVE é usado como ferramenta de desenvolvimento de competências.

PVE e missão pessoal

Robert Hargrove postula que o PVE é precedido pela definição do líder de sua Missão Pessoal de *Coaching*. Esta missão representa o que ele deseja conseguir durante o seu tempo no cargo. Todo CEO de empresa, por exemplo, tem alguma realização-chave que marca o seu mandato e ilustra a sua missão que, por sua vez, influencia os ensinamentos que ele vai passar à empresa (o seu PVE).

Para definir esta missão pessoal, todo líder deve refletir sobre qual a maior realização que ele pretende conquistar, ou qual o maior obstáculo que ele pretende resolver, ou qual a maior oportunidade de expansão de negócios.

Uma vez que esta missão é definida, o próximo passo é definir o PVE, que vai representar a filosofia da equipe ou da empresa que o líder vê como a linha-chave que vai levar à consecução dos objetivos. Neste momento, o líder se torna o pregador da visão e dos valores operacionais que representam o seu PVE. O ideal é que este PVE se torne o parâmetro que vai influenciar os processos de interação, decisão e funcionamento das pessoas. Estes valores devem ser a base que ajuda o PVE a ser realizado, e são definidos baseados na simples reflexão de como as pessoas devem-se comportar para que o plano de negócios tenha sucesso.

Idealmente, este PVE é algo preestabelecido entre o CEO e os líderes de alto escalão da empresa, para ser depois ensinado às outras hierarquias. Para conseguir apoio de todas as camadas, é importante que o líder considere como estes ensinamentos serão transmitidos. De acordo com Tichy, se ele se tornar um autocrata (o líder do comando e controle), as equipes não terão espaço para crescer e não se sentirão participativas do processo. Por outro lado, se ele for um "abdicrata", abrindo mão de sua autoridade em nome da democracia absoluta, vai gerar apenas conversas intermináveis onde pouco é realizado.

O método ideal do PVE é ter a firmeza de expor suas idéias com certeza e segurança, mas também abrir-se para aprender com suas equipes, já que estas têm informações e questionamentos que podem contribuir para que os ajustes necessários sejam feitos na empresa. Incentiva-se a participação e o debate, mantendo-se o foco no resultado final, ou seja, o que precisa ser feito, quais mecanismos precisam ser renovados, para que a empresa consiga funcionar de acordo com as metas do PVE. O processo de ensinamento do PVE é uma estrada de mão-dupla, onde o líder ensina os líderes do próximo nível hierárquico e aprende com eles e, nesta interação, ambos se tornam mais sábios.

Esta interatividade entre líder e equipes gera o que Tichy denomina de **"ciclo virtuoso de ensinamento"**, onde a empresa cresce, desenvolve-se e se alinha. Uma vez que este processo de ensinamento se torna parte da cultura e do funcionamento da empresa, caso o mercado mude é possível reavaliar e gerar novos PVEs mais rapidamente, pois a estrutura de disseminação e participação já estará implantada.

O processo de ensinamento do PVE deve ser constante porque vai estimular novas maneiras de pensar – um novo *mind-set*, que precisa de tempo para ser metabolizado pelo resto da empresa. A importância do líder-*coach* em disseminar o PVE torna-se vital, pois vai influenciar a própria identidade da organização como um todo.

Por isto os líderes mais reconhecidos e bem-sucedidos da história empresarial moderna passam a maior parte de seu tempo dando aulas formais e informais, usando todo incidente como um momento de *coaching*, para alinhar as pessoas com o PVE. Estas "aulas" incluem informação sobre como levar o negócio adiante, além de *coaching* com o foco no *coachee* ser um melhor líder e um melhor professor.

Welch era famoso por transformar toda conversa ou reunião em um momento de *coaching*, já que a essência da liderança está na capacidade de ensinar.

O ciclo de falta de ensinamentos

As empresas cujas lideranças não praticam o processo de ciclos de ensinamento e *coaching* correm o risco de ter funcionários e equipes confusas, gerando desperdício com ações ineficientes, desalinhadas e improdutivas. Estes recebem as diretrizes do topo da empresa, mas não têm o apoio nem o know-how de como ter sucesso. Acabam se sentindo desmotivadas, pois perdem muito tempo no processo de tentativa e erro até descobrir o que funciona... isto quando descobrem...

Esta falta de transferência de conhecimento gera uma cultura empresarial onde o capital humano é apenas um potencial que não se concretiza e acaba desperdiçado. As pessoas perdem tempo precioso e as informações críticas não chegam a quem precisa.

Ao longo do tempo o que acontece é que o QI das equipes é utilizado de forma inadequada, e este diminui, ou seja, a capacidade de resolução é prejudicada. Imagine como seria ter o Pelé como técnico de sua equipe de futebol, mas em vez de mostrar quais os princípios que o ajudaram a ter tanto sucesso, ele apenas enviasse um memorando com as palavras "Ganhem o jogo e cheguem na final do campeonato". Imagine como seria a reação da equipe recebendo a pressão de ter que vencer, não fazer feio frente ao rei do futebol, mas não receber nenhum ensinamento dele. Infelizmente, é o que acontece freqüentemente em muitas empresas.

Esta é a síndrome do "vire-se", onde se espera que a equipe produza quase que num passo de mágica e, quando isto não acontece, o líder aparece apenas para dar bronca e dizer o quanto está decepcionado.

Hipercompetição

Outro fator de risco que resulta da omissão de ensinamentos é a falta de preparo que a equipe tem para lidar com o conceito de **hiper-**

competição. Pelo fato de a competição ter-se tornado global, atualmente existem dois tipos de empresas concorrendo no mercado.

1) Empresas grandes o suficiente e com recursos financeiros que lhes permitem melhorar ou comprar empresas menores que já criaram algumas das grandes melhorias que desejam.

2) Empresas menores e velozes, que contam com a sua velocidade para se tornarem grandes o mais rapidamente possível. Junta-se a isto o fato de que os clientes exigem produtos melhores, melhor atendimento e serviços mais rápidos.

Neste fogo cruzado entre clientes e concorrentes, a empresa que melhor tiver o seu ciclo virtuoso estabelecido enfrentará os altos e baixos sem ser engolida. Aquela que não tiver se tornará uma fatalidade de guerra.

Isto não é apenas um aviso, é uma constatação baseada em evidências. Metade das empresas na lista das 500 maiores empresas do mundo em 1980 já tinha saído da lista em 1990. Isto numa época onde a competição não estava tão acirrada como hoje. Ser grande já não é garantia de sucesso contínuo. As regras mudam.

PVE e fatores de sucesso

Uma vez que o PVE está definido e sendo disseminado, criando a participação dos vários escalões hierárquicos, naturalmente este processo vai definindo a identidade presente da empresa.

Como resultado, as pessoas percebem de maneira mais clara quais as expectativas em relação ao seu desenvolvimento, pois o PVE, para funcionar na prática, vai requerer que cada um reveja as suas competências. Talvez tenham que desenvolver competências novas ou melhorar outras que precisam ser mais bem desenvolvidas, ficando cada vez mais fácil perceber se elas estão alinhadas com o que a empresa considera importante.

Assim, uma vez que os valores-chave deste momento empresarial sejam definidos através do PVE, a pergunta seguinte que cabe para cada pessoa é: Qual competência preciso desenvolver para estar alinhado com este PVE?

PVE e cultura da empresa

O PVE de um líder pode mudar dependendo da mudança das condições econômicas. O que se considera "crise" na sociedade ou no mercado financeiro, na verdade, representa uma mudança que não se esperava – ou não se desejava.

Toda mudança requer uma reavaliação de processos presentes para que a pessoa ou a empresa se torne efetiva novamente. Quando o mercado muda, a empresa reavalia a sua posição e considera qual a melhor maneira de agir para se adaptar e continuar competitiva.

Outro fator importante é a **interatividade** no processo de ensinamento, entre o líder e sua equipe. Quando o líder se torna um professor interativo, que abre as suas idéias para debate, as informações trazidas pelas pessoas presentes ajudam a refinar o PVE.

Jack Welch, por exemplo, testava as idéias iniciais do seu PVE em reuniões de diretoria em outubro e, baseado nas respostas que obtinha, gerava a versão que seria apresentada na reunião geral de janeiro.

Muitas vezes a melhor maneira vai representar uma nova filosofia de trabalho, o que vai gerar um novo PVE. Às vezes este novo PVE gera mudança na cultura da empresa como um todo. Por exemplo: empresa com cultura *soft* se torna *hard*, o que estimula toda uma nova gama de competências que devem ser desenvolvidas ou melhoradas. Certamente, os novos valores criam uma nova cultura e um dos grandes papéis dos líderes é ajustar essa nova cultura.

Lou Gerstner, por exemplo, teve que criar um novo PVE na IBM, pois os valores antigos – previsibilidade e conformidade – disseminados por Tom Watson já não serviam o momento presente da empresa que, devido à competição, precisava adaptar-se aos valores novos – velocidade e criatividade – se quisessem sobreviver.

Outro bônus considerável da prática do PVE para a empresa é a criação do hábito de liderança de *coaching*, onde os líderes se vêem como professores e *coaches* de suas equipes. Assim, não só a empresa ganha, pelo alinhamento equipe-empresa, mas as pessoas ganham, pois se tornam líderes mais efetivos.

Torna-se o processo puro de líderes desenvolvendo líderes, o que tem repercussão muito além do que atualmente podemos mensurar. Na própria GE, os executivos da época de Jack Welch tornaram-se profissionais de expressão no mercado e muitos foram liderar outras empresas, como Bob Nardelli (Home Depot), Jim McNerney (3M), Dave Cote (TRW), Joaquin Agut (Terra Lycos), entre outros.

Este é motivo principal de as *Teaching Organizations* (Organizações que Ensinam) criarem líderes que consigam liderar e ensinar suas equipes.

> **Curiosidade**
>
> *"O líder do passado era uma pessoa que sabia como dizer. O líder do futuro será uma pessoa que sabe como perguntar."* **Peter Drucker**
>
> Keilty, Goldsmith & Company *conduziram um estudo em 1994 sobre o impacto de pedir por* feedback *ou sugestões e fazer* follow-up *(acompanhamento). Foram pesquisados 8.000 líderes, juntamente com seus "diretos" em um período de 18 meses. O foco do estudo foi a mudança de valores na empresa e o pedido do líder para que suas equipes usassem o feedback com o intuito de implantar os valores e de criar planos de mudanças.*
>
> *1) No final dos 18 meses: dos gerentes que não deram acompanhamento ao feedback, mais da metade foi considerada igualmente ou menos efetiva do que era antes.*
>
> *2) Dos gerentes que deram alguma resposta ou acompanhamento ao feedback, 89% foram considerados mais efetivos, e 7% destes obtiveram índices de efetividade altíssimo.*
>
> *3) Os gerentes que responderam e fizeram acompanhamento constante em relação ao feedback recebido tiveram a maior nota – 95% foram considerados mais efetivos do que eram antes, e, destes, 55% obtiveram índice de efetividade altíssimo.*
>
> *Conclusão: o líder que se abre para interatividade de ensinar e aprender com sua equipe, gerando o ciclo vicioso de ensinamento, considerando as informações oferecidas pela equipe para gerar as melhorias necessárias, consegue resultados mais efetivos no âmbito organizacional e pessoal.*

Sucessão

A falta de criação de líderes é um problema comum e endêmico no mundo empresarial. Para muitas empresas, a sucessão de um CEO é um dos momentos de maior ansiedade no histórico da organização, pois a própria existência da empresa está dependendo da escolha do sucessor.

Para empresas que negligenciaram o desenvolvimento de líderes, este momento gera um senso de confusão, onde todos parecem perdidos e buscam trazendo alguém de fora, totalmente novo ao ambiente. Parece ilógico que, para uma das decisões mais importantes na vida da empresa, o processo é similar a uma aposta no escuro (não tanto no escuro, mas sem dúvida, uma aposta).

Empresas menores, empresas familiares, passam por este problema de forma ainda mais dramática. Estas empresas são geralmente mais centralizadoras, ou seja, muito do poder de decisão reside na mão do fundador, que faz absoluta questão de assim manter, tendo como resultado a criação de armadilha.

No momento da sucessão, sente-se perdido, pois como deixar a empresa que ele criou nas mãos das pessoas a sua volta? É comum ouvir estes empresários se queixarem que não têm pessoas competentes e maduras para tomar as rédeas da empresa. O que eles não perceberam é que, muito provavelmente, o seu estilo de liderança centralizador e de comando e controle foi o responsável pela manutenção de um nível de maturidade baixo nos executivos da empresa.

É comum notar que estas pessoas provavelmente foram mantidas em estado infantilizado, sem muitas chances de crescer, pois projetos de alta responsabilidades e poder de decisão eram privilégio do dono da empresa. E agora, neste momento tão delicado de sucessão, não há ninguém que tenha-se desenvolvido a ponto de comandar a empresa.

Seja em empresas familiares ou empresas gigantes, a saída de um líder que não investiu seu tempo em momentos de ensinamentos e treinamentos significa um desperdício incalculável de capital humano e capital intelectual, pois ele leva com ele toda a sua bagagem de experiência que, neste momento, é vital para a empresa continuar indo em frente sem tantos solavancos.

Considerando o conceito de capital intelectual ser um fator métrico usado na avaliação do valor de mercado de uma organização, quando um líder se aposenta ou sai sem compartilhar o seu conhecimento, o valor de mercado da empresa cai consideravelmente.

Exemplos de líderes e seu PVE

Goizueta, imigrante cubano nos EUA e o CEO mais bem-sucedido da Coca-Cola, tinha a missão de transformar a empresa de um negócio maduro para um negócio em expansão. O seu PVE baseou-se na atitude de seu avô em Cuba, dono de uma mercearia. Assim, todos os funcionários da Coca-Cola foram ensinados a pensar como donos de mercearia, usando o bom senso de um microempresário para um megaempresa. Com a mudança de atitude, o valor de mercado da empresa aumentou mais de dez vezes em 15 anos.

No seu livro *Only the Paranoid Survive*, Andrew Grove da Intel usa as suas experiências na Hungria, antes de imigrar para os EUA, para provar o seu PVE – sempre estar alerta e preocupado e usar a paranóia para criar mais e melhor do que a competição.

Jack Welch aparecia a cada duas semanas em Crotonville, no *Leadership Development Institute* da GE, para dar aula aos executivos, com o foco da empresa conseguir ser a primeira ou a segunda em todos os mercados em que atuava ("Número 1, Número 2, conserte, feche ou venda"). Baseado em valores como ensinar e aprender, integridade, apreciação de mudanças, aniquilar burocracia, simplicidade, velocidade etc. Ele mudou o PVE da GE, fez os gestores redefinirem a visão de negócios para buscarem novas maneira de atrair clientes. O que não mudou foi a base de sua visão: que a GE se tornasse a empresa global mais competitiva do mundo. Para que esta meta tivesse uma base sensata de apoio, era lógico esperar que quanto mais competitiva se queria que a empresa se tornasse, mais treinamentos e ensinamentos eram necessários. A capacidade competitiva está intimamente conectada à qualidade dos círculos virtuosos de ensinamento.

O seu sucessor, Jeff Immelt, "criado" na cultura da "Organização Que Ensina", mantém a convicção de que "a competência mais importante de um líder da GE é ser um professor". Ele alega que provavelmente 40% de seu tempo são usados lidando com *coaching* e desenvolvimento. A prática de ensinamentos e treinamentos faz parte essencial da cultura da empresa. Por exemplo, até o ano de 2002, a GE gastava mais de 500 milhões de dólares anuais só com os treinamentos mundiais do Six Sigma.

Roger Enrico, CEO da PepsiCo, dava treinamentos de cinco dias seguidos, 12 horas por dia, com dez líderes escolhidos pelo seu potencial, treinando o PVE de "pensar grande".

Carlos Ghosn, o brasileiro da Renault que aceitou o desafio duplo de salvar a Nissan e de ser um líder estrangeiro no Japão, teve que demonstrar coragem ao implantar o seu PVE de total renovação de estrutura, desenho e modelo de negócio, para gerar uma empresa competitiva, lucrativa e sem desperdício financeiro. No começo ele era visto como um carrasco, pois ousou fazer cortes de fornecedores e de empregados, algo culturalmente desaprovado pela cultura japonesa. Depois de conseguir lucros históricos e transformar a Nissan em uma empresa competitiva novamente, ele era visto como um herói, e até revistas em quadrinhos foram feitas tendo Ghosn como o personagem principal.

Hargrove menciona o caso de Chris Galvin, quando este se tornou CEO da Motorola, em uma época em que, devido a falhas de processos internos e à falta de colaboração com consumidores, o preço das ações tinham caído vertiginosamente. Ele declarou publicamente a sua preocupação com a "síndrome de tribos guerreiras" que percebia existir entre os engenheiros da empresa e investiu seu tempo disseminando o seu PVE de colaboração e o modelo "Clientes primeiro, Motorola segundo, seus interesses pessoais terceiro". Com este novo modelo de valores operacionais, as ações da empresa dobraram de valor no ano seguinte.

Steve Miller, da Shell Oil, ensinou a idéia de cada posto de gasolina ser uma oportunidade de negócio, que ajudou a empresa a ter crescimento de dois dígitos na Europa, numa época em que, devido à hipercompetição, tinha-se perdido uma porcentagem enorme do *market share*.

Existem milhares de exemplos, tanto no mundo dos negócios, como no mundo esportivo ou em qualquer situação onde alguém tem a responsabilidade de liderar equipes, seja no mundo familiar, seja no profissional. Ensinamentos de vida, filosofias orientais, experiências pessoais, conceitos bíblicos, tudo pode-se tornar uma possível fonte de informação para que um líder crie o PVE que ele acredite com convicção e que dissemine para os outros líderes de sua empresa, com o objetivo de criar uma frente única e alinhada para vencer a competição global.

CRIANDO LÍDERES – CONSIDERAÇÕES FINAIS

O objetivo deste livro não é para ser usado como um curso de *coaching*, mas um estimulador de idéias e de conceitos novos, para que o líder de hoje tenha a coragem e a ousadia de avaliar o seu próprio estilo de liderança.

Eu repito freqüentemente aos participantes de treinamentos a idéia de que um grande líder e um grande *coach* aparecem ou em momentos de encruzilhada, em que cada decisão ou ação é crucial, ou em momentos informais, onde se gera aprendizado de forma natural e espontânea.

Não há mais tempo a perder com a idéia antiga de que "ainda dá para seguir em frente só com o que eu já sei". O mundo evoluiu, as demandas mudaram, o cenário mudou e a liderança foi modernizada. Para alguns, isto simboliza problema, para outros simboliza oportunidade. Tudo depende de como você encara a situação à frente.

As reclamações constantes das empresas sobre a falta de líderes no mercado, na verdade são mais provavelmente, desabafos sobre a grande quantidade de líderes de estilo antiquado. Não há falta de líderes, o que existe é falta de líderes atualizados, prontos para atuar em um mundo novo, com novas regras e novas possibilidades de sucesso como nunca se viu antes.

Correu pela Internet uma frase de um discurso do Bill Gates, em que ele dizia *"Pare de reclamar que os seus pais não são do jeito que você gostaria. Você já pensou que, talvez, você não seja o filho do jeito que eles gostariam"*? Não está claro se a frase é realmente de autoria dele, mas ela se adapta totalmente ao conceito de tomada de responsabilidade.

Líder, não reclame que a sua equipe não é o que você gostaria que fosse. Talvez você não esteja sendo o líder que eles gostariam de ter. Portanto, responsabilize-se em ensinar e gerar desenvolvimento para criar a sua equipe ideal. Ela não vem pronta, depende de o líder ajudá-la a se formar.

Liderado, não reclame que o líder não é do jeito que você quer. Responsabilize-se pelo seu desenvolvimento, usando o *coaching* como sua ferramenta de crescimento próprio.

Thomas Crane disse que *"you get what you coach to"*, que seria a idéia de que você obtém os resultados na proporção do *coaching* que você faz. É possível ter resultados extraordinários? Sem dúvida, só depende de você se responsabilizar por isso.

No filme *Braveheart – Coração Valente*, uma das cenas memoráveis mostra que as mesmas pessoas que queriam bater em retirada, sentindo-se fracassadas e sem ânimo de lutar uma batalha por líderes que elas não respeitavam, mudaram de atitude quando motivadas por um líder mais eficiente. Com uma breve conversa de *coaching*, ele os levou para uma das maiores vitórias que já tinham tido. As mesmas pessoas! As sementes de fracasso ou sucesso já existem dentro de cada um; dependendo do líder, uma ou outra germinará.

Neste momento criam-se duas linhas paralelas na gestão de liderança: espera-se que a empresa seja uma *Learning Organization* (Organização Que Aprende) e também uma *Teaching Organization* (Organização Que Ensina).

O conceito de *Learning Organization* representa o papel do *coach* que usa qualquer incidente para gerar *feedback* que, por sua vez, gera aprendizado e melhoria.

O conceito de *Teaching Organization* representa o papel do *coach* como professor, que dissemina o seu PVE para gerar alinhamento e know-how em outros líderes.

O resultado do uso prático destes dois conceitos é uma empresa que aprende com seus erros, adapta-se e se antecipa a mudanças, prepara-se para o que vem à frente e consegue ter equipes alinhadas e capital humano desenvolvido.

Atualmente, isto não é uma visão do ideal. Isto é o essencial para que a sua empresa continue existindo e prosperando.

Responsabilize-se por isto.

Referências Bibliográficas

ALBRIGHT, Mary e CARR, Clay. *101 Biggest Mistakes Managers Make and How to Avoid them*. New Jersey: Prentice Hall Press,1997.

AUERBACH, Jeffrey. Does Coaching Increase Salary? *Newsletter*, october, 2004.

AUERBACH, Jeffrey. What Executives look for in a coach. *Newsletter*, march, 2004.

AUERBACH, Jeffrey. Coaches Give Genuine Feedback. *Newsletter*, february, 2004.

BERG, Art. *The Impossible Just Takes a Little Longer*. New York: Harper Collins, 2002.

COOPER, R. e SAWAF, A. *Executive EQ: Emotional Intelligence in Leadership and Organizations*. New Jersey: Putnam 1997.

CRANE, Thomas. *The Heart of Coaching*. San Diego: FTA Press, 2000.

CSIKSENTMIHALYI, Mihaly. *Finding Flow*. New York: Basic Books, 1997.

CSIKSENTMIHALYI, Mihaly. *Good Business: Leadership, Flow and the Making of Meaning*. London: Hodder & Stoughton, 2003.

CSIKSENTMIHALYI, Mihaly. *Flow*. New York: Perennial, 1990.

ELLIS, Albert. *A Guide to Rational Living*. North Hollywood: Melvin Powers, 1997.

FLAHERTY, James. *Coaching: Evoking Excellence in Others*. Boston: Butterworth-Heinemann, 1998.

GARFIELD, Charles. *Peak Performer*. New York: Avon Books, 1986.

GOLEMAN, Daniel. *Working with Emotional Intelligence*. New York: Bantam Books, 1998.

GOLEMAN, Daniel. Leadership That Gets Results. *Harvard Business Review*, march-april, 2000.

GROPPEL, Jack. *The Corporate Athlete*. New York: John Wiley & Sons, 2000.

HARGROVE, Robert. *Masterful Coaching Fieldbook*. San Francisco: Jossey-Bass/Pfeiffer, 2000.

HUDSON, F. *Handbook of Coaching*. San Francisco: Jossey-Bass 1999.

JASIN, Susan. Executive Coaching, Seminário, 2001.

KOTTER, John. What Leaders Really Do. *Harvard Business Review*, may-june, 1990.

MCGRAW, Phillip. *Self Matters*. New York: Free press, 2002.

MERLEVEDE, P.; BRIDOUX, D. e VANDAMME, R. *7 Steps to Emotional Intelligence*. Wiltshire: The Cromwell Press, 2001.

PETERSON, David. *Management Coaching at Work*. Minnesota: PDI, 1997.

SELIGMAN, *Martin Authentic Happiness*. New York: Free Press, 2002.

SELIGMAN, Martin. *The Optimistic Child*. New York: Harper Perennial, 1995.

SELIGMAN, Martin. *Learned Optimism*. New York: Pocket Books, 1990.

SENGE, Peter. *The Fifth Discipline*. New York: Doubleday, 1990.

SHEA, Gordon. *Mentoring*. Menlo Park: Crisp Publications, 2001.

SMITH, Hyrum. *What Matters Most*. New York: Simon & Schuster, 2000.

TICHY, N. e COHEN, E. *The Leadership Engine*. New York: Harper Collins, 1997.

WHITWORTH, L.; KIMSEY-HOUSE, H. e SANDAHL, P. Co-active Coaching. Palo Alto: Davies-Black, 1998.

WITHERSPOON, R. e WHITE, R. *Four Essential ways that Coaching Can Help Executives*. Greensborough: Center for Creative Leadership, 1998.

SOBRE O AUTOR

RHANDY DI STÉFANO nasceu nos Estados Unidos, em New Jersey e cresceu na Califórnia, em Los Angeles. Passou a adolescência no Brasil.

É o Fundador do *ICI – Integrated Coaching Institute*.

É o criador do *Coaching Integrado*.

Master Personal and *Executive Coach*, formado pelo *College of Executive Coaching* na Califórnia.

Presidente do Chapter Brazil-São Paulo do *ICF – International Coach Federation*.

Mestrado em Psicologia Clínica da *Antioch University* na Califórnia, com cursos de especialização em *Post Modern Social Constructionism* no *Phillips Graduate Institute*; e em *Rational Emotive Training* no *Albert Ellis Institute* – New York.

No Brasil também publicou o livro *Manual do Sucesso Total* e inúmeros artigos na área de desenvolvimento pessoal em jornais, revistas e sites de RH.

Nos EUA foi co-criador do *Mastery series* – workshops que visam à melhor performance com o desenvolvimento da inteligência emocional e o uso da Quântica na área de performance pessoal.

Como *coach* executivo e pessoal, atende alto-executivos de bancos, multinacionais e empresários e tem na sua lista de clientes executivos de cinema/TV e empresas de comércio global.

Rhandy Di Stéfano tem projetos de *coaching* no Brasil, nos Estados Unidos e na Europa.

TREINAMENTOS

Ministra treinamentos *in-company* para algumas das maiores empresas nacionais e multinacionais, com o objetivo de formar *coaches* internos e desenvolver *coaching* como estilo de liderança, o que contribui para a criação de empresas mais humanizadas e mais competitivas. Um de seus treinamentos mais procurados é o de **Líder-*coach* para gestores**.

Devido ao seu conhecimento único, Rhandy é muito procurado para palestras sobre **coaching** e **liderança**.

O **Curso de Formação em *Coaching* Integrado**, que é oferecido pelo *ICI – Integrated Coaching Institute*, tem sido considerado o curso mais completo e de mais alto calibre no país, ajudando a desmistificar os mitos em torno do assunto e preparando *coaches* que, presentemente, atuam com sucesso em inúmeras empresas do país.

Para treinamentos, palestras ou programas de *coaching*, entre em contato através do e-mail *coach@coachingintegrado.com.br* ou pelo telefone 055-11-3772-5179.

COACHING PARA O DESENVOLVIMENTO

Com este livro, o leitor terá a oportunidade de conhecer as técnicas de coaching para o desenvolvimento. São técnicas que poderão ajudar a explicar o papel do gerente como treinador, esclarecer o significado dos cinco papéis dos treinadores e fornecer exemplos de técnicas em decisões de coaching de qualidade.

Autora: Marianne Minnor
ISBN: 85-7303-435-1
Nº de Páginas: 96
Formato: 20,5 x 20,5cm

QUALITYMARK EDITORA

Entre em sintonia com o Mundo

Qualitymark Editora Ltda.

Rua José Augusto Rodrigues, 64 – sl. 101
Polo Cine e Vídeo – Jacarepaguá
22275-047 – Rio de Janeiro – RJ
Tels.: (21) 3597-9055 / 3597-9056
Vendas: (21) 3296-7649

E-mail: quality@qualitymark.com.br
www.qualitymark.com.br

Dados Técnicos:

• Formato:	16 x 23 cm
• Mancha:	12 x 19 cm
• Fonte Títulos:	Humanst 521
• Fonte Texto:	CG Ômega
• Corpo:	11
• Entrelinha:	13,2
• Total de Páginas:	176
• 1ª Edição:	2005
• 17ª Reimpressão:	2019